60分でわかる！
最新 IP ビジネス 超入門

THE BEGINNER'S GUIDE TO
INTELLECTUAL PROPERTY BUSINESS

[著] KPMGコンサルティング株式会社
木村みさ、山田宏樹、福岡慶太郎、中川祐、松本尚人

技術評論社

本書を読む前に

IPを起点とした事業展開を行うIPビジネス。本書ではその中でも、コンテンツIPを軸にしたビジネススキームを中心に解説しています。ここではコンテンツIPビジネスとはなにかを簡単にみていきましょう。

知的財産（IP）権とは

知的財産権には、主に著作権、意匠権、商標権、特許権などが含まれます。これら知的財産（IP）を活用して、経済的価値を生み出す事業全般をIPビジネスと呼びます。

コンテンツIPビジネスとは

IPビジネスの中でも本書が焦点を当てる「コンテンツIPビジネス」は、漫画、アニメ、ゲーム、小説、映画などのコンテンツを基盤に、多角的な展開を行うビジネスモデルを指します。作品のメディアミックス展開、グッズ販売、ライセンス契約、イベント運営、マーチャンダイジングなど、IPの価値を最大化する戦略が重要となります。

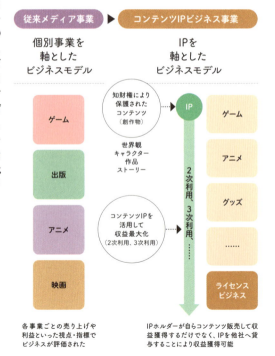

コンテンツIPビジネスの5分類

コンテンツ IP ビジネスには自社の IP を活用する場合と、他社の IP を活用した場合の双方が存在し、大きく 5 つに分類されます。自社 IP を活用するビジネスパターンは、①メディアミックス、②シリーズ化、③ライセンスビジネス。他社のコンテンツ IP を活用したビジネスパターンは、④他社の IP を使った商品の開発・販売、⑤他社 IP 支援があります。

コンテンツIPビジネスの範囲

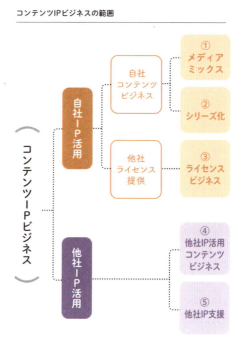

コンテンツIPビジネス成功の鍵は？

コンテンツ IP ビジネスの成功の鍵は「メディアミックス」「顧客セグメント戦略」「マルチプラットフォーム戦略」「グローバル化」の 4 つの柱にあります。日本のコンテンツの海外展開には戦略的かつ長期的な取り組みが必要です。

I	II	III	IV
メディアミックス	顧客セグメント戦略	マルチプラットフォーム戦略	グローバル化
個別メディア事業ではなく、IP軸での複数メディアへの展開	特定顧客セグメントからより広範な顧客セグメントへのアプローチ・顧客接点拡大	単一プラットフォーム利用から、多様なプラットフォーム活用	グローバル規模でのIP展開、グローバル連携

詳細は本編へ

Contents

- 本書を読む前に ……………………………………………………………… 2

Part 1 IPビジネスの基礎 ……… 9

- 001 コンテンツIPビジネスで収益を最大化する ……………… 10
- 002 経営戦略としてのコンテンツIPビジネスの注目度 ……… 12
- 003 優良IPがもたらすビジネスインパクト ……………………… 14
- 004 コンテンツIPビジネスの収益モデル ……………………… 16
- 005 グローバルおよび日本のコンテンツ市場規模 ……………… 18
- 006 巨額投資を回収する手段としてのIPビジネス ……………… 20
- 007 コンテンツIPビジネスをみる指標 ………………………… 22
- Column フィルムコミッションとは? ……………………………… 24

Part 2 知的財産権の基礎知識 ……… 25

- 008 クリエイターの創作物を保護する法律【著作権】 ………… 26
- 009 クリエイターの著作物を伝達する人の権利【著作隣接権】 … 28
- 010 技術的進歩のある「発明」を保護する【特許権】 ………… 30
- 011 「同一のものを複数製造可能」な新しいデザインを保護する【意匠権】 …… 32
- 012 ブランディング、メディアミックスを考慮して権利確保する【商標権】 … 34
- 013 グローバル市場で成功するための海外を含む知的財産の確保・活用 … 36
- 014 AIコンテンツ活用のリスクと著作権 ……………………… 38
- Column 著作権などの権利処理の現在と未来 …………………… 40

Part 3 IPビジネスのビジネスモデル … 41

- 015 コンテンツIPビジネスを成長させるためのビジネスモデル … 42
- 016 メディアミックス戦略　推進背景、順序性など … 44
- 017 メディアミックス戦略　メディア間相関性、チャレンジなど … 46
- 018 「顧客セグメント」を広げて、IPビジネスを拡大する … 48
- 019 変化するコンテンツ消費活動 … 50
- 020 マルチプラットフォーム戦略でビジネスを拡大する … 52
- 021 韓国の事例からみるグローバル戦略 … 54
- 022 国内メディア企業のグローバル化へのチャレンジ … 56
- Column 地域経済の活性化・発展に寄与する「聖地巡礼」 … 58

Part 4 IPビジネスの分類とパターン … 59

- 023 コンテンツIPビジネスの代表的な5つの分類とパターン … 60
- 024 シリーズ化　シリーズ化の3つの展開パターン … 62
- 025 シリーズ化　シリーズ化の効果と留意点 … 64
- 026 ライセンスビジネスのスキーム … 66
- 027 ライセンスビジネスの展開パターン　コト消費 … 68
- 028 ライセンスビジネスの展開パターン　モノ消費 … 70
- 029 ライセンスビジネスの展開パターン　タイアップ・広告利用 … 72
- 030 他社のIPを使ったビジネスの効果と留意点 … 74
- 031 他社IP支援ビジネスの展開パターン　IPプロデュース … 76
- 032 他社IP支援ビジネスの展開パターン　IPコラボレーションの仲介 … 78
- 033 他社IP支援ビジネスの展開パターン　コンテンツファンド … 80
- 034 他社IP支援ビジネスの展開パターン　IP管理代行 … 82
- Column 推し活グッズの登場 … 84

Part 5 IPビジネス推進のための重要ポイント ……85

035 一般的なIPオーナーシップの形態例 ……86
036 コンテンツIPの創出・保有に向けた取り組み ……88
037 IPビジネスへの転換による影響　オペレーションモデル① ……90
038 IPビジネスへの転換による影響　オペレーションモデル② ……92
039 IPビジネスへの転換による影響　人材 ……94
040 コンテンツIPビジネス推進への政府の支援 ……96
Column コンテンツIPビジネスで存在感ある総合商社 ……98

Part 6 IPビジネスを取り巻くリスク環境 ……99

041 コンテンツIPビジネスのリスク環境（PEST分析） ……100
042 グローバルにおける規制動向（Politics） ……102
043 固有のビジネスモデルから生じるリスク（Economy） ……104
044 人権保護・多様性尊重の重要性（Society） ……106
045 ローカライズにおいて考慮すべきリスク（Society） ……108
046 技術進化に伴い高まる知的財産リスク（Technology） ……110
047 AIリスク（Technology） ……112
Column 官民一体で推進。「新たなクールジャパン戦略」 ……114

Part

7 IPのガバナンスの強化——保護とリスク回避 …115

048	IPガバナンスの全体像	116
049	IPガバナンスの推進体制①	118
050	IPガバナンスの推進体制②	120
051	権利活用に向けた取り組み①	122
052	権利活用に向けた取り組み②	124
053	自社起因リスクの低減に向けた取り組み	126
054	他社起因リスクへの対応	128
Column	投資プロジェクトとしてのIP開発のガバナンス	130

Part

8 IPビジネスに有効な戦略と活用 …131

055	オープン・クローズ戦略	132
056	知財ミックス戦略	134
057	ビジネス戦略としてのライセンス	136
058	ブランド戦略に活かす知的財産	138

- 索引 … 140
- 執筆者略歴 … 143

■ 『ご注意』ご購入・ご利用の前に必ずお読みください

本書に記載された内容は、情報の提供のみを目的としています。したがって、本書を参考にした運用は、必ずご自身の責任と判断において行ってください。本書の情報に基づいた運用の結果、想定した通りの成果が得られなかったり、損害が発生しても弊社および著者、監修者はいかなる責任も負いません。

本書は、著作権法上の保護を受けています。本書の一部あるいは全部について、いかなる方法においても無断で複写、複製することは禁じられています。

本文中に記載されている会社名、製品名などは、すべて関係各社の商標または登録商標、商品名です。なお、本文中には ™ マーク、® マークは記載しておりません。

THE BEGINNER'S GUIDE TO INTELLECTUAL PROPERTY BUSINESS

Part

1

IPビジネスの基礎

001 THE BEGINNER'S GUIDE TO
INTELLECTUAL PROPERTY BUSINESS

コンテンツIPビジネスで
収益を最大化する

● コンテンツIPビジネスとは?

　コンテンツIPビジネスとは、従来のメディア事業モデルと異なり、IP（Intellectual Property：知的財産）の2次利用、3次利用および他社貸与により、収益を最大化するビジネスモデルです。

　これまでは、特定メディア事業を軸としたビジネスが主流でした。ゲーム事業、出版事業、アニメ事業、映画事業といった各事業を軸としたビジネスが展開されてきました。各事業ごとの売上や利益といった視点・指標でビジネスが評価されてきました。企業組織構造についても、各事業ごとの縦割りの構造が主流でした。

　それに対して、IPを軸に事業を横断的に捉える考え方がコンテンツIPビジネスです。コンテンツIPとは、知的財産権により保護された世界観、キャラクター、作品・ストーリーなどを指します。ひとつのコンテンツIPが複数のメディアでビジネス展開されます。たとえば、マンガで創出されたキャラクターや世界観を活用して、アニメ、映画、ゲーム作品が製作されます。また、IPを活用して自らコンテンツとして販売して収益獲得するだけでなく、IPを他社へ貸与することによりライセンスフィーを獲得可能なビジネスモデルです。

　コンテンツIPビジネスの採用に伴い、メディア企業における収益管理についても、各メディア事業がどれだけ儲かったという考え方よりも、事業横断でIP全体としてどれだけ儲かったという視点が加わることになります。

▶ IPの2次利用、3次利用および他社貸与により、収益を最大化するビジネスモデル

Part 1
IPビジネスの基礎

従来メディア事業 ▶	コンテンツIPビジネス事業

個別事業を軸としたビジネスモデル

IPを軸としたビジネスモデル

ゲーム

出版

アニメ

映画

知財権により保護されたコンテンツ（創作物）······▶ IP

世界観
キャラクター
作品
ストーリー

コンテンツIPを活用して収益最大化（2次利用、3次利用）······▶

2次利用、3次利用、……

ゲーム

アニメ

グッズ

……

ライセンスビジネス

各事業ごとの売り上げや利益といった視点・指標でビジネスが評価された

IPホルダーが自らコンテンツ販売して収益獲得するだけでなく、IPを他社へ貸与することにより収益獲得可能

まとめ

- ☐ IPビジネスはIPの複数回使用などで収益を最大化する
- ☐ IPとは知財権で保護された世界観、キャラクターほかを指す
- ☐ 事業横断でIP全体としてどれだけ儲かったかが重要

002 THE BEGINNER'S GUIDE TO
INTELLECTUAL PROPERTY BUSINESS

経営戦略としての
コンテンツIPビジネスの注目度

● コンテンツIPビジネスの4つの特徴とは

　コンテンツ IP ビジネスは、昨今、多くのメディア企業に注目され、経営戦略のテーマとして注目・採用されています。それは、コンテンツ IP ビジネスが保有する「独自性」「拡張性」「効率性」「長期性」の 4 つの要素に起因します。

　「独自性」とは、コンテンツ IP はクリエイティブな創作物であり、知的財産として保護されているため、他社による合法的な模倣が困難という点にあります。

　2 点目の「拡張性」とは、キャラクターや世界観は、異なるメディアやプラットフォームに移植が容易という点にあります。たとえば、マンガで創作された人気キャラクターは、アニメやゲームのキャラクターとして採用することができます。

　3 点目の「効率性」ですが、前述のように、IP ビジネスにおいては、自社保有 IP を他社に貸し出すことによりライセンスフィーを獲得することが可能です。自社でコストや手間をかけず、他社によるグッズ販売やイベント運営などのビジネス展開が可能で利益率の高いビジネスになります。

　「長期性」ですが、キャラクターや世界観の独自性により、IP ビジネスは息の長いビジネスになり得ます。キャラクターは「不老・不死」であり、若い頃みていたキャラクターは、何十年経っても、老いることなく稼ぎ続けるのです。

　以上の 4 要素により、メディア企業にとってコンテンツ IP ビジネスは、非常に魅力的なビジネスなのです。

● メディア企業にとって魅力的なビジネスとなり得るコンテンツIP

特徴・メリット　　説明

独自性
クリエイティブな創作物であり、
知的財産として保護されているため、
他社による（合法的な）模倣が困難

拡張性
キャラクターや世界観を、異なるメディアや
プラットフォームに移植可能
↓
一粒で何度でも嬉しい

効率性
ライセンス販売により、
自社でコストをかける必要がない
（他社によるグッズ販売やイベント運営など）

長期性
独自性、また、拡張性により
息の長いビジネスになり得る
↓
キャラクターは不滅・不老不死

まとめ
- ☐ IPは知的財産として保護されているため、模倣が困難
- ☐ 異なるメディアやプラットフォームに移植が容易
- ☐ キャラクターや世界観の独自性により、息の長いビジネスに

Part 1　IPビジネスの基礎

003 THE BEGINNER'S GUIDE TO
INTELLECTUAL PROPERTY BUSINESS

優良IPがもたらす
ビジネスインパクト

◉ 長期にわたり巨額の収益を企業にもたらす

　優良IPは、長期にわたり巨額の収益を企業にもたらします。世界でこれまで最も収益をあげたIPランキングに関する調査があります（TitleMax：The 25 Highest Grossing Media Franchises of All Time）。

　その調査結果によると、1位がポケットモンスター（ポケモン）で、ハローキティ、くまのプーさん、ミッキーマウス、スターウォーズ、アンパンマン、ディズニープリンセス、マリオと誰もが知っているIPが続きます。また、その収益のメディア構成要素としては、ゲーム、グッズ、トレーディングカード、コミックおよびマンガ、映画、ホームエンターテインメント、書籍、テレビ放送、音楽、劇場などと多岐にわたります。

　ランキングトップのポケモンの累積収益額をみると、約921億ドル（約12兆9,000億円）となっています。また、ポケモンIPが誕生した年が1996年なので、誕生から約30年程度経過していることとなり、年平均での収益を計算すると約4,300億円となります。ちょっとした国内メディア企業の年間売上規模といった金額感になり、ポケモンという1つのIPだけで、1企業の売上規模に値する金額を稼いでいることが分かります。また、驚くべきは、優良IPの息の長さです。くまのプーさんのIP誕生は1924年なので、すでに1世紀の長きにわたり、収益を稼ぎ続けていることになります。

　このように優良IPというのは、巨額の収益を生み出し、長期にわたりビジネス貢献するものであることが理解できると思います。

優良コンテンツがもたらすビジネスインパクト

Part 1　IPビジネスの基礎

■ 収益の高いメディアフランチャイズ

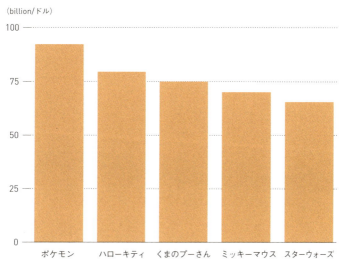

(billion/ドル)
ポケモン / ハローキティ / くまのプーさん / ミッキーマウス / スターウォーズ

出典：TitleMax のレポート「The 25 Highest Grossing Media Franchises of All Time」をもとに作成

まとめ	☐ ゲーム、グッズ、コミックほか多岐わたる収益化が可能
	☐ IPは長期的に収益を稼ぎ続けることも
	☐ 巨額の収益を生み出し、長期にわたりビジネス貢献する

004 THE BEGINNER'S GUIDE TO
INTELLECTUAL PROPERTY BUSINESS

コンテンツIPビジネスの
収益モデル

● マルチプラットフォーム戦略で高収益が可能

　コンテンツIPビジネスは、非常に高収益となり得るビジネスモデルです。それでは、その収益モデルイメージをみてみたいと思います。

　後述しますが、IPビジネスの一要素として「プラットフォーム」があります。プラットフォームとは、コンテンツを実現する「土台」や「基盤」という意味です。たとえば、映像コンテンツであれば、その流通基盤であるテレビ放送やインターネット配信が該当します。

　映像作品を、さまざまなプラットフォーム上で複数回流通させることにより、メディア企業は同一コンテンツから複数回収益を上げることが可能となります。まずテレビで放送し、その後、グローバルインターネット配信サービス上で流通させ、その後、国内インターネット配信プラットフォーム上で流通させるといったことが例として考えられます。

　このようなマルチプラットフォーム戦略は、メディア企業の収益モデルにも影響を与えます。1次流通のみのビジネスであるとするとそこでは、必ず黒字化することが必達目標となります。一方で、マルチプラットフォームを活用する場合は、1次流通で仮に赤字となっても、2次流通、3次流通を含めたトータルで黒字化すれば良いという発想が可能となります。このように、IPビジネスは複数から収益獲得が可能な非常に魅力的なビジネスモデルたり得るのです。

16

● コンテンツIPビジネスは2次流通、3次流通にて利益確保・増大が可能

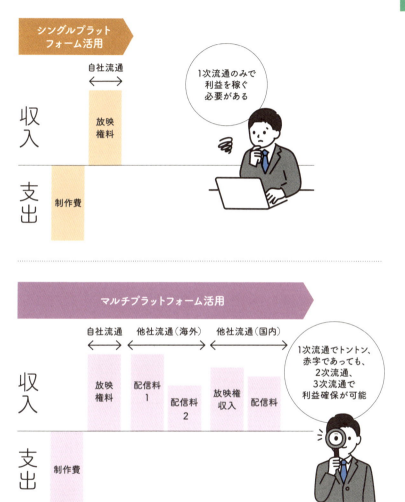

| まとめ | □ プラットフォームとはコンテンツを実現する「土台」や「基盤」
□ マルチプラットフォーム戦略で多層的に収益化できる
□ 複数回流通でトータルで黒字化を目指せる |

005 THE BEGINNER'S GUIDE TO
INTELLECTUAL PROPERTY BUSINESS

グローバルおよび
日本のコンテンツ市場規模

▶ 国内コンテンツの海外需要獲得は、待ったなしの課題

　コンテンツIPビジネスの潜在力を知るうえで、コンテンツ市場規模について把握しておくことが重要です。**世界のコンテンツ市場規模（日本除く）は、2022年に約150兆円と試算されており、また市場成長率は、世界のGDP成長率を上回ります。**国別市場規模では、1位が米国、2位が中国で2か国が突出しています。[*1]市場成長率（2011年～2021年の平均成長率）では、米国が6％台で、中国、インド、インドネシアなどは10％を超える高成長となっています。また、サウジアラビアのようにコンテンツ産業に注力する国もあります。石油依存経済からの脱却を目指し、コンテンツ立国となることを国家戦略として掲げ、日本のゲーム企業などの買収・投資を積極的に推進しています。

　一方で、国内市場規模は、現在14.4兆円[*2]で世界第3位の規模ですが、成長率は2％台にとどまります。国内コンテンツの海外輸出規模は、2022年時点において約4.7兆円です。この輸出規模は、世界のコンテンツ市場規模の数パーセント程度にしかすぎません。海外輸出額内訳をみると、ゲームやアニメの割合が高く、映像（実写）領域は苦戦していることがわかります。

　日本政府も、24年改訂の「クールジャパン戦略」にて、コンテンツ産業の海外輸出規模を2033年までに20兆円に引き上げる目標を掲げました。国内市場成長が限定されるなか、国内コンテンツの海外需要獲得は、喫緊の課題といえるでしょう。

＊1: Entertainment Contents ∞ 2023（日本経済団体連合会、2023年）、第1回 エンタメ・クリエイティブ産業政策研究会（経済産業省）
＊2:「日本と世界のメディア×コンテンツ市場データベース」（ヒューマンメディア）

日本と世界のコンテンツ市場規模（2022年）

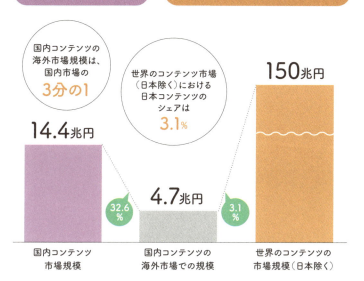

出所：日本と世界のメディア×コンテンツ市場データベース（ヒューマンメディア）
第1回エンタメ・クリエイティブ産業政策研究会、経済産業省

まとめ	☐ 世界のコンテンツ市場規模（日本除く）は2022年、約150兆円 ☐ 国内コンテンツの海外輸出規模は2022年、約4.7兆円 ☐ 日本は「クールジャパン戦略」にて海外輸出規模引き上げを目標に

006 THE BEGINNER'S GUIDE TO
INTELLECTUAL PROPERTY BUSINESS

巨額投資を回収する手段としての
IPビジネス

● 高騰するコンテンツ制作・開発コスト

　メディア企業がIPビジネスを志向する理由としては、その高い収益性があると先述しました。半面、IPビジネスには、コンテンツ制作費の高騰という側面もあります。メディア企業は、コンテンツ制作費を回収するために、制作したコンテンツからより多くの収益獲得が必要とされるという裏の事情も存在するのです。

　たとえば、日本の映像業界においては、従来のテレビドラマ1話あたりの制作費用は、数千万程度と考えられます。一方で、昨今のグローバルインターネット配信における大型ドラマ作品における1話あたりの制作費用は、数10億円に上るものもあるといわれています。制作費高騰の要因は、コンピュータグラフィックス（CG）やVFX（視覚効果）などの映像技術活用コスト、豪華な俳優陣、豊富な撮影ロケーション、潤沢な撮影期間などにあります。

　また、ゲームの世界においては、看板となるビッグタイトル（AAAタイトル）の開発費は、200億円に上るといわれ、また制作費に加えて、広告宣伝費がさらにコストを増大し合計500億円以上のコストにのぼるものもあるといわれています。[*]

　これら巨額コスト回収手段として、IP活用が必要となります。話題作といえ、1ショットのみの流通・販売で巨額費用を回収するのは至難の技でしょう。巨額投資した作品を、いかに多く流通させ、多数の顧客に利用してもらえるかのビジネス戦略が必要とされます。このように、IPビジネスの拡大の裏側として、コスト膨張も見逃してはならない側面です。

＊「図解即戦力 ゲーム業界のしくみと仕事がこれ1冊でしっかりわかる教科書」（技術評論社）

● 制作費／開発費動向

ドラマ制作費

▶ 制作費増加要因は、CGなどの映像技術活用、**豊富なロケ費用**、**長期の撮影期間**など

数1,000万円 — 従来の国内TVドラマ一話
数10億円 — 配信大型ドラマ一話

ゲーム開発費

▶ コスト増加要因は、グラフィックの高精細化など
▶ ビッグタイトルについては、広告費も合わせると **500億円台に上るものも登場**

数100億円 — AAAタイトル*

*特に多額の開発費をかけている看板となるビッグタイトル

まとめ
- ☐ コンテンツ制作費をIPビジネスで回収する必要がある
- ☐ CGやVFX、豪華キャストなどで制作費が高騰
- ☐ 巨額投資した分、収益回収のためのビジネス戦略が必要

007 THE BEGINNER'S GUIDE TO
INTELLECTUAL PROPERTY BUSINESS

コンテンツIPビジネスをみる指標

● 指標から企業のコンテンツIPビジネスの取り組み状況がみえる

　メディア企業のコンテンツIPビジネスの状況は、さまざまな指標をみることにより、明らかになります。

　まずは、企業の保有する「IP数」の指標です。必ずしも保有IP数が多ければよいという訳ではありませんが、ある程度のIP数を有するということは企業にとって強みとなります。他社へライセンスされ販促ツールとして利用されるIPですが、ライセンス供与を受ける企業は、業界内競合企業が採用したIPを避けるということが考えられ、豊富なライセンス可能なIPの選択肢を有することはプラスといえます。

　「IP依存度」指数は、特定IPの企業売上や利益に占める割合を表します。IPにはブームというものもあり、特定IPに多くの売上や利益を依存することは経営のボラティリティ（変動率）やリスクが増します。売上や利益への依存を複数のIPへ分散させることにより、経営の安定性が増します。

　コンテンツIPの売上は、自社でのIPコンテンツの販売と他社へのライセンス販売から構成されます。「ライセンス売上比率」は、ライセンス売上の全体売上に占める比率ですが、この指標により、企業のライセンスビジネスへの力の入れようや依存度を知ることができます。また、自社の労力やコストが発生しないライセンス売上比率を高めることは、企業の「営業利益率」を高めることにつながります。このように指標を分析することにより、各企業のIPビジネスの戦略や強みについて理解することができます。

● 指標の分析で企業の事業状況やIP戦略がわかる

Part 1 IPビジネスの基礎

指標	指標の内容	コンテンツIPビジネスをみる視点
IP数	企業の保有するIP数	・複数のIPからの収益を獲得できるか？ ・同一業界内の複数企業とライセンスビジネスが可能か？ ・IPポートフォリオは十分か？
IP依存度	特定IPのIPビジネス売上や利益に占める割合	・特定IPへの売上や利益への依存度が極度に高くないか？ ・特定IPの人気やブーム低下によるボラティリティや経営リスクは？
ライセンス売上比率	ライセンス販売のIPビジネス全体売上に占める比率	・自社でのIPビジネス展開以外に、他社へのライセンス供与によるIPビジネスの拡大ができているか？
営業利益率	コンテンツIPビジネスの営業利益率、収益性	・自社IPの市場における付加価値は？ ・ライセンスビジネス活用により営業利益率を高めることができているか？
海外売上比率	コンテンツIPビジネスの海外での売上比率	・国内のみならず、海外市場にIPを十分展開できているか？

まとめ	☐ IPをより多く有するということは企業にとって強みとなる ☐ IP依存度指数は特定IPの企業売上や利益に占める割合 ☐ ライセンス売上比率はライセンスビジネスへの依存度を示す

● Column

フィルムコミッションとは?

　各国は、映画などの海外映像作品撮影誘致を行うことに取り組んでいます。撮影誘致により、滞在費などを含めた現地消費による経済効果につながります。撮影業務などの発生により国内雇用創出や人材育成につながるといったメリットもあります。また、撮影地として採用されることで「聖地巡礼」といったインバウンド増加・観光収入も期待できます。

　熱心な各国・各地域の撮影誘致活動もあり、映像作品のストーリー上の舞台と異なるロケーションが、撮影地として採用されることもしばしば発生します。たとえば、日本を舞台にした映像作品が、実際はニュージーランドやカナダで撮影されたりといった具合です。

　このような海外映像作品撮影を誘致するための組織が各国・各地域に存在し、「フィルムコミッション」と呼ばれます。フィルムコミッションは、各国中央政府や地域政府などの公的機関にて運営されています。各フィルムコミッションは、海外からの撮影誘致のために幾つかのミッションを担っています。助成金など、撮影などの一部費用を補助する制度を提供しています。また、経済的支援だけでなく、街中で撮影を行うにあたり各自治体等からの撮影許可の取得を支援したりします。また、海外の撮影部隊は、適切な撮影ロケーションを見つける必要がありますが（ロケーションハンティング）、そのようなロケーションをデータベース化し効率的に見つけられるような仕組みを提供します。

　このように映像作品制作の黒子として活躍するフィルムコミッションに注目するのも映像作品の楽しみ方の一つでしょう。

THE BEGINNER'S GUIDE TO INTELLECTUAL PROPERTY BUSINESS

Part

2

知的財産権の基礎知識

008 THE BEGINNER'S GUIDE TO INTELLECTUAL PROPERTY BUSINESS

クリエイターの創作物を保護する法律【著作権】

著作者の人格権も重要な権利

　私たちが普段楽しんでいるアニメ、ドラマ、映画、マンガなどのコンテンツは、「著作物」として法律（著作権法）で保護されています。コンテンツは、原作者や脚本家といったクリエイター（以下、著作者）の創意工夫により創作されるもので、他者がコピーして販売するなどの自由を認めてしまうと、模倣・盗用が横行し、本来著作者が得られるはずの経済的な報酬（コミック本の販売収入など）が得られなくなります。そうなると、著作者にとって新たな創作を行うインセンティブがなくなり、さらには、社会全体として魅力的なコンテンツ創出が阻害されてしまいます。

　このような状態は望ましくないため、著作権法では、著作者の利益を守るため、著作者にとっての権利（裏返しとして、第三者に対する禁止事項）が規定されています。たとえば、著作者以外が、市販のアニメDVDを無断でコピーして販売することはできません（複製権・譲渡権の侵害）。また、音楽配信プラットフォームでダウンロードした音楽ファイルをサーバーにアップロードし、自身のホームページで配信することもできません（複製権、公衆送信権の侵害）。

　さらに、著作者の経済的な利益だけでなく、精神的な利益も保護されており、著作者の意向や名誉に反した著作物の利用も禁止されています（著作者人格権）。たとえば、コンテンツの内容を著作者の意に反して改変することはできません（同一性保持権）。

　このように、著作者の創作価値を尊重するため、著作権法でさまざまな権利が認められています。

● 著作者の権利には【著作者人格権】と【著作権(財産権)】がある

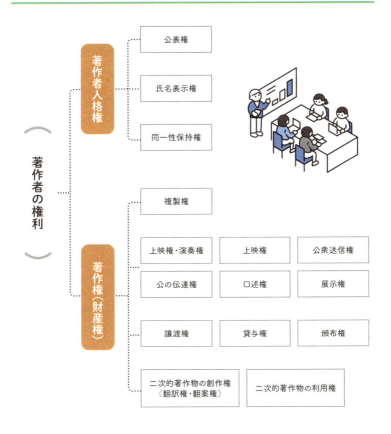

まとめ	☐ 著作物を無断でコピー、販売不可 ☐ 著作物の内容を著作者の意に反して改変できない ☐ 著作者の意向や名誉に反した著作物の利用禁止

009 THE BEGINNER'S GUIDE TO INTELLECTUAL PROPERTY BUSINESS

クリエイターの著作物を
伝達する人の権利【著作隣接権】

● IPビジネスでは、著作隣接権が重要

　私たちが、普段視聴する、テレビや配信サイトで流れる動画など
は、原作・脚本の創作から番組の視聴までのプロセスに多くの関係
者が介在しています。ドラマに出演する俳優、挿入歌を歌唱・演奏
するミュージシャン、版権を持つレコード会社、番組を放送するテ
レビ局などが介在することによって私たちに番組が届けられ、多く
の人の視聴につながっています。このように著作物の伝達に重要な
役割を担う関係者による貢献に対しても、法律上の保護が与えられ
ています（著作隣接権）。

　動画コンテンツを例にすると、主な関与者だけでも、原作・脚本
（言語の著作物）、動画（映画の著作物）、作詞・作曲（音楽著作物）
のそれぞれのクリエイターに加え、俳優、演奏者、レコード会社、
放送事業者といった著作物の伝達者がそれぞれ権利を保有している
ことになります。

　このように、IPビジネスにおいては、著作権や著作隣接権が複雑
に入り混じるため、権利者を探し当て、許諾を得る（権利処理）こ
とは簡単ではありません。こうした権利処理の負担を軽減するため
に、著作権等管理団体を通じた権利処理の一元化も行われています。
著作権等管理団体は、著作権者から委託を受けて、利用申請の受付
や使用料の徴収などを行います。個別の許諾を必要とせず、包括的
に利用許諾を行う代わりに、一定の著作権使用料を徴収する仕組み
を取っているケースもあり、権利処理を容易にすることで、著作物
の円滑な利活用に一役買っている側面もあります。

28

● 実演家を例にした著作隣接権

著作隣接権の類型

著作隣接権の例（実演家の権利）

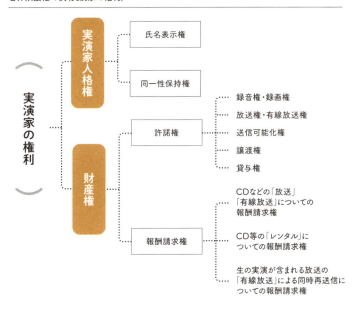

まとめ	☐ 著作物の伝達に重要な役割を担う関係者も法律で保護される ☐ IPビジネスでは**権利許諾を得る（権利処理）**が簡単ではない ☐ **著作権等管理団体**の活用でIPの円滑な利活用を

010 THE BEGINNER'S GUIDE TO INTELLECTUAL PROPERTY BUSINESS

技術的進歩のある「発明」を 保護する【特許権】

◉ソフトウェア関連の特許事例や特許侵害訴訟が増加

　新しい操作性のゲームシステム、コンテンツ配信プラットフォームにおけるユーザーへのおすすめ作品のリコメンドシステム、臨場感あるコンテンツを視聴できるVR（仮想現実）システムなどは、技術的進歩のある「発明」として保護されます。所定の要件を満たして特許庁に登録された発明には「特許権」が与えられ、他者がその発明品を勝手に製造・販売などをすることはできません。特許を受けるための要件には、「既存の発明と同じでないこと」（新規性）、「既存の発明から容易に思いつくことができないこと」（進歩性）などがあります。自然法則を利用していないゲームのルールや、技術的思想といえないスポーツの技能や、絵画・彫刻などの美的創作物、自然現象などの発見などは特許の保護を受けることができません。

　「特許権制度」と「著作権制度」の大きな違いの1つに、出願・登録手続きの要否が挙げられます。著作権はコンテンツの創作により自動的に権利が付与されるのに対し、発明は特許庁へ出願し審査・登録を行い、初めて特許権が与えられます。

　近年、ゲームやVR市場の広がりとともに、ソフトウェア関連発明による特許権の取得事例や、特許侵害訴訟も増加しています。他者の特許発明を使用・販売などしていた場合には、発明の存在を知っていたか否かに関係なく、特許権侵害となります。他者の特許権を侵害しないためにも、新しいサービスを行う場合に、関連する特許が出願されていないかを事前に調査し、特許侵害のリスクの有無について慎重な確認を行うことが重要です。

特許権制度の概要とIPビジネスにおける特許例

■ 特許権制度の概要

項目	内容
法目的	発明の保護および利用を図ることにより、発明を奨励し、もって産業の発達に寄与すること
保護対象	「発明」 自然法則を利用した技術的思想の創作のうち高度のもの
主な登録要件	新規性：外国を含む既存の発明と同一でないこと 進歩性：既存の発明から容易に思いつくことができないこと 先願主義：同じ発明についての他者の出願よりも先に出願していること その他：出願書類の記載内容が適切であること、など
権利存続期間	原則、特許出願の日から20年 （例外的に、医薬品等の発明や、特許庁の審査に長期間要した場合等に、権利期間を延長できる場合あり）

■ 保護対象となる発明の形式

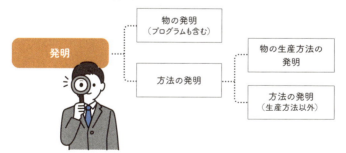

まとめ	□ 「特許権」は新規性、進歩性など技術的進歩が求められる □ 特許権制度と著作権制度の違いは出願・登録手続きの要否 □ サービスを行う場合、関連特許出願の有無を事前に調査

011
THE BEGINNER'S GUIDE TO
INTELLECTUAL PROPERTY BUSINESS

「同一のものを複数製造可能」な
新しいデザインを保護する【意匠権】

◉ 意匠登録されたグッズ展開でファン層を拡大

　IPビジネスにおいては、コンテンツを題材としたグッズ製品（キャラクターの形状を用いた玩具や文房具など）を展開して、ファン層の拡大を図る戦略を採ることがよくあります。こうしたキャラクターグッズの多くは、量産される工業製品であるため、グッズのデザインは著作物としては保護されない場合があります。その代わりに、こうした工業製品のデザインは、「意匠権」として登録を受けることができます。意匠登録されると、そのデザインを独占的・排他的に利用できるため、他者がよく似た製品を製造・販売などをすることができません（模倣品対策）。

　意匠登録ができるデザインは、物などの見た目（外観的形状）を指します。たとえば、キーホルダーや文具の特徴的なデザインが対象になるほか、キャラクターを模した着ぐるみの一部が意匠登録されている例もあります。また、アプリケーションのアイコンなど表示画面・操作画像の一部も意匠登録の対象となります。近年、店舗の内装デザインも意匠登録の対象となりました。内装デザインは世界観の醸成に影響を与えやすく、今後、テーマパークや体験型のIPビジネスへの応用が増える可能性もあります。

　意匠制度は特許制度と同様に、特許庁への出願・審査・登録を経て権利が発生します。意匠登録には簡単には思いつかない、新しいデザインであることに加え、「同一のものを複数製造可能であること」（工業上利用可能性）も必要とされます。いわゆる一点ものの純粋美術が著作権で保護されるのと棲み分けています。

● 意匠権制度の概要と意匠登録例

Part 2

知的財産権の基礎知識

■ 意匠権制度の概要

項目	内容
法目的	意匠の保護および利用を図ることにより、 意匠の創作を奨励し、もって産業の発達に寄与すること
保護対象	意匠 「物品や建築物の形状・模様・色彩」や「画像（機器の操作画像・ 表示画像）」であって、視覚を通じて美観を起こさせるもの
主な登録要件	工業上利用可能性：量産できないものや純粋美術の 　　　　　　　　　　分野に属する著作物は対象外
	新　　規　　性：既存の意匠と同一または類似でない
	創作非容易性：同領域の者にとって既存の意匠から 　　　　　　　　　容易に創作することができない
	先　願　主　義：同じ意匠についての他者の出願よりも 　　　　　　　　　先に出願していること
	そ　　の　　他：公的な紋章と紛らわしいデザインでないこと、など
権利存続期間	意匠登録出願の日から25年 （令和2年4月1日以降の出願。それ以前は存続期間が異なるので注意が必要）
ニーズに応じた権利化制度	部　分　意　匠：物品等の特徴ある一部分について登録を受けられる
	関　連　意　匠：一貫したデザインコンセプトに基づく 　　　　　　　　　複数のデザインを重ねて保護 　　　　　　　　　（相互に類似する意匠でも登録が可能）
	秘　密　意　匠：意匠登録から一定期間、 　　　　　　　　　意匠公報での公開を行わない 　　　　　　　　　（他社からの模倣を防止）

■ 保護対象となる意匠の例

類型	例
物品の形状	VR観賞用ヘッドマウントディスプレイの形状
表示画像	アプリケーション上の情報表示画面のデザイン

まとめ	
	☐ 特許庁に出願・審査・登録を経て、意匠権の権利が発生する ☐ 意匠登録ができるのは、物などの見た目（外観的形状） ☐ 操作画面や内装デザインなども登録を受けられる場合がある

012
THE BEGINNER'S GUIDE TO
INTELLECTUAL PROPERTY BUSINESS

ブランディング、メディアミックスを考慮して権利確保する【商標権】

● IPビジネスでは、業界・事業をまたいで先回り出願も重要

あなたが好きな商品のブランドロゴを見ると、高い品質や体験価値を連想して、ワクワクすることがあるのではないでしょうか。マークや色彩をはじめとする、五感に訴えかけるブランディングは身近な多くの商品・サービスにおいて行われています。こうしたブランド力が蓄積したマークなどは、知的財産の1つである「商標」として保護されます。

近年のブランディング戦略の多様化を踏まえ、商標の保護対象も広がりを見せています。テレビCMで使用される特徴的なフレーズやメロディー、デバイスの起動音といった「音商標」、クレジットカードなどに付される「ホログラム商標」、菓子店の看板人形などの「立体商標」といった新しい類型の商標も注目されています。

商品名やロゴなどに付されている「®マーク」は、登録済の商標であることを示しています（"Registered"の意）。商標登録するためには、対象となる名称やロゴ（商標）を使用する商品・サービスを指定（指定商品・指定役務）したうえで出願を行う必要があります。IPビジネスでは、業界・事業をまたいだ展開を行うことが一般的です（メディアミックス戦略）。たとえばゲームを起点に、関連グッズの商品化まで展開することが予測される場合、電子プログラムに関する指定商品・サービス（第9類・第42類）のみの出願・登録では、他社に同じ名称・ロゴを使用されてしまう可能性を排除しきれません。関連グッズに関する商標も、先回りして出願することが求められるケースが増えてきています。

34

● 商標権制度の概要と商標登録出願の例

Part 2 知的財産権の基礎知識

■ 商標権制度の概要

項目	内容
法目的	商標を保護することにより、商標の使用をする者の業務上の信用の維持を図り、もって産業の発達に寄与し、あわせて需要者の利益を保護すること
保護対象	「商標」＝自身の商品やサービスについて使用する「標章」（名称やマークなど） □標章の形式は、文字、図形、記号、立体的形状、色彩、図形などの動き、ホログラム、音、商品などにおける位置、などが含まれる（人の知覚によって認識することができないものは対象外）
主な登録要件	自他の商品・サービスを識別可能であること □使用対象の商品やサービスの普通名称や慣用的な商標でない □記述的商標でない（その商品の性質〈産地など〉を普通に記述しただけの名称でない〈東京産の和菓子に"東京"の商標はNG〉など） 公益性観点の要件 □国内外の国旗などと同一・類似でない □公的機関や国・地方公共団体などのマークと同一・類似でない 他者利益保護観点の要件 □周知な他者の氏名などでない □他者の周知商標や登録商標などと紛らわしくない、など
権利存続期間	設定登録の日から10年・更新登録申請により権利継続が可能

■ 近年保護対象に追加された商標の他の類型

類型	例
動き商標	テレビCMなどで表示される動きを持った会社ロゴ
色彩のみからなる商標	商品の包装紙や店舗の看板などに使用される特徴的な色彩
位置商標	商品上の位置を特定した特徴的な形状

まとめ	□ ブランド力が蓄積したマークなどは知的財産、商標として保護 □ 新類型の「音商標」「ホログラム商標」「立体商標」も注目 □ メディアミックスでは可能性のある関連グッズの商標も出願

013

THE BEGINNER'S GUIDE TO INTELLECTUAL PROPERTY BUSINESS

グローバル市場で成功するための海外を含む知的財産の確保・活用

● 知的財産の国際ルールを理解し、使いこなすことが重要

IPビジネスは海外でも成長を続けており、特に映画やアニメは世界市場規模の急拡大が予想されています（JETRO「プラットフォーム時代の韓国コンテンツ産業振興策および事例調査」（2022年）など）。日本のコンテンツがグローバル市場で成功するためには、海外を含めた知的財産の確保・活用も重要な課題となります。

知的財産権の効力は各国・地域ごとに発生することが原則です（属地主義）。たとえば、日本で取得した特許権は日本国内でのみ有効であり、外国で同様の製品が販売されても禁止できません。とはいえ、各国・地域の特許庁に、個別に出願申請することは容易ではないため、手続き面を中心とした、国際協力が図られています。

たとえば、日本で出願してから外国で審査手続を受けるまでの猶予期間が確保できる制度として、「パリ条約」の「優先権制度」（特許・商標など）や「PCT（特許協力条約）」（特許のみ対象）、商標を複数国に一括で登録できる「マドリッド制度」があります。

他方、出願を必要としない著作権についてはどのように取扱われているのでしょうか。著作権についても「ベルヌ条約」をはじめとした国際条約があり、多くの国がこれに批准しています。ベルヌ条約に加盟している国においては、著作権の発生に手続などを不要とすること（無方式主義）に加え、他国の著作物に対しても自国の著作物と同等の権利の付与が求められています。

こうした知的財産の国際ルールを理解し、使いこなすことが、IPビジネスの海外展開を成功させる重要なファクターになります。

▶ グローバルにおける知的財産権関連の条約

■ 知的財産権関連の主要な条約

分類	条約

法域横断

パリ条約
- □ 工業所有権（特許、意匠、商標、など）が対象
- □ 第1国出願から一定の優先期間内（特許は12ヶ月、意匠・商標は6ヶ月）の他国での出願は、新規性などの判断において第1国出願時が基準とされる（優先権制度） など

TRIPS協定 (知的所有権の貿易関連の側面に関する協定)
- □ 加盟各国での権利行使手続の整備義務 など

個別法域

ベルヌ条約
- □ 著作権の発生に手続等を不要とする（無方式主義）
- □ 外国の著作物に対し国内著作物より不利な条件を課さない（内国民待遇） など

特許協力条約
ハーグ条約ジュネーブ改正協定
マドリッド協定議定書
- □ 複数国への出願手続の一括化など、ユーザーの利便性向上

まとめ	□ 知的財産権の効力は各国・地域ごとに発生することが原則 □ 「パリ条約」「PCT」「マドリッド制度」など国際協力がある □ 著作権は「ベルヌ条約」により自国の著作物と同等の権利

014 THE BEGINNER'S GUIDE TO
INTELLECTUAL PROPERTY BUSINESS

AIコンテンツ活用の
リスクと著作権

▶ 著作権侵害、パブリシティ権侵害に留意して慎重な活用を

　近年、生成AI（人工知能）の活用が広がっています。IPビジネスにおいても例外ではなく、生成AIを活用したコンテンツ（AIコンテンツ）の制作が話題となる一方で、知的財産面での論点も生まれてきています。AI音声合成技術を使って、有名キャラクターの声優の声を再現し、書籍の朗読をする事例で考えてみましょう。

　まず、**AIによる書籍（言語の著作物）の朗読が、著作権侵害（口述など）に該当する可能性**があります。他者の著作物を生成AIに読み込ませ、生成させることは、侵害行為の可能性があるとされているためです。生成したのはAIであっても、他者の著作物と知りながらこれを指示した人が、著作権侵害の責任を負うとの考え方です。

　次に、**声優の声を無断で生成することは、パブリシティ権を侵害する可能性**があります。著名人にはパブリシティ（肖像）に対する権利があるためです。過去には、「声」にもパブリシティ権が認められるとの判決が出されています。

　では、生成されたAIコンテンツには、著作権はあるのでしょうか。著作権が認められるには、思想または感情を創作的に表現するための「道具」としてAIを使用していることが必要であるとされています。

　他方、AIコンテンツの活用には期待も寄せられています。たとえば、企業がテレビCMなどで起用する著名人に不祥事があると、企業イメージの悪化につながる懸念があります。その点、**実在しないAIコンテンツは、不祥事を起こさない**、企業にとって安心・安全なイメージキャラクターになる可能性も秘めているのです。

● 生成 AI と知的財産

■ 権利侵害リスク

例）AIにより有名キャラクターの声を
再現した書籍の朗読

□朗読による著作権侵害（言語の著作物の口述権等）
□声優のパブリシティ権の侵害

■ AIコンテンツの著作権（著作物性）

人が思想または感情を創作的に表現するための
「道具」としてAIを使用したと
認められる場合に、
著作物に該当し、著作権が発生

「道具」としての使用の該否は、以下の要素で判断

□人の「創作意図」があるか
□人が「創作的寄与」と認められる行為を行ったか

「創作的寄与」の判断要素

□指示・入力の分量（創作的表現といえるものを具体的に示す詳細な指示など）
□生成の試行回数（生成物を確認し指示・入力を修正しつつ試行を繰り返すことなど）
□複数の生成物からの選択

まとめ	□ AIによる書籍の朗読は著作権侵害に該当する可能性 □ 声優の声の無断生成はパブリシティ権を侵害する可能性 □ 実在しないAIコンテンツは安心・安全なキャラクターになり得る

● Column

著作権などの権利処理の現在と未来

　1つのコンテンツに著作権や著作隣接権をはじめとした、複数の知的財産権が含まれることは珍しくありません。これらの権利について、すべての権利者を探し当て、許諾を得る（権利処理）ことは、簡単ではありません。実際に、権利者が見当たらず、または、権利者探索のコストに配慮して、既存の著作物の利用をあきらめるケースも散見されます。

　著作権などの管理団体は、権利処理の簡便化に一定の効果はあるものの、音楽、出版など分野ごとに分断管理しているのが現状であり、国内だけでも10以上の団体が存在します。また、映画の著作物など、一部のコンテンツは管理団体が存在しません。

　こうした状況を踏まえ、権利者の探索業務を効率化する取り組みとして、分野ごとの権利者データベース（DB）をまたぐ、メタ検索が可能なシステムの構築（分野横断権利情報検索システム）が、政府主導で検討されています（知的財産推進計画2023、2024）。権利者探索の簡素化が実現すれば、コンテンツの権利者を簡単に検索できることになり、価値あるコンテンツの再利用（2次利用）が行いやすくなる可能性があります。

　もっとも、権利処理には、権利者探索以外にも、交渉、契約、ロイヤリティ支払いなど、改善が期待される事務手続きが多く残されています。放送からネット配信に市場が移るなか、日本のコンテンツの海外展開を成功させるためには、スピーディな権利処理の実現が不可欠です。日本のコンテンツ業界の活性化のためにも、過去の業界慣習にとらわれない、権利処理業務の変革が、今後も求められます。

THE BEGINNER'S GUIDE TO INTELLECTUAL PROPERTY BUSINESS

Part 3

IPビジネスの
ビジネスモデル

015
THE BEGINNER'S GUIDE TO
INTELLECTUAL PROPERTY BUSINESS

コンテンツIPビジネスを
成長させるためのビジネスモデル

コンテンツIPビジネスの4つの柱

　コンテンツIPビジネスの成長は、「メディアミックス」「顧客セグメント戦略」「マルチプラットフォーム戦略」「グローバル化」の4つの柱により形成されます。各柱について説明します。

　「メディアミックス」は、これまでも触れてきましたがIPをさまざまなメディアに横断的に展開することでビジネスを拡大します。たとえば、マンガ作品を制作しその世界観、ストーリー、キャラクターなどをアニメ、映画、ゲームなどの他メディアに展開するといった具合です。

　2つ目の柱「顧客セグメント戦略」は、ターゲット顧客を拡大することにより、IPビジネスを拡張させます。たとえば、ゲーム事業の顧客であるゲーマー層に対し、新たに映画やテーマパークビジネスを提供することにより、顧客層をゲーマー層からファミリー層まで拡大します。

　3つ目の柱は「マルチプラットフォーム戦略」です。プラットフォームとは一般的に「基盤」や「土台」を意味し、たとえば、ゲームに関しては、利用可能機器を特定メーカーの据え置き型家庭用ゲーム機から、他社メーカー機器、PC、スマートフォンと対応プラットフォームを多方面に展開することで収益拡大が可能となります。

　4つ目の柱の「グローバル化」ですが、国内IPを海外市場に展開することでIPビジネスを拡大します。前述のように、より高い成長性をもつグローバル市場の顧客需要を取り込むことにより、ビジネスを拡大する戦略です。

● コンテンツIPビジネスの成長は、4つの柱より形成される

コンテンツIPビジネスの成長レバー

I	II	III	IV
メディアミックス	顧客セグメント戦略	マルチプラットフォーム戦略	グローバル化
個別メディア事業ではなく、IP軸での複数メディアへの展開	特定顧客セグメントからより広範な顧客セグメントへのアプローチ・顧客接点拡大	単一プラットフォーム利用から、多様なプラットフォーム活用	グローバル規模でのIP展開、グローバル連携

● コンテンツIPビジネス4つの柱の展開例

まとめ	☐ 「メディアミックス」で異なるメディアに横断的にIPを展開する ☐ 顧客セグメント戦略でターゲット顧客を拡大する ☐ 対応プラットフォームを多方面に展開する

Part 3 IPビジネスのビジネスモデル

016 THE BEGINNER'S GUIDE TO
INTELLECTUAL PROPERTY BUSINESS

メディアミックス戦略
推進背景、順序性など

◉ メディア特性を活かして、メディアミックスを成功させる

「メディアミックス」を推進する理由・背景として、個々のメディア側の事情もあります。たとえば、週刊マンガ雑誌というメディアは、低収益であるといわれています。投資回収のために、単行本（コミック）という形で再度発売し、収益を獲得する必要があります。また、映画やドラマといったメディアは優良な脚本が命です。しかしながら、映画やドラマ制作のために、オリジナル脚本を制作するためには、時間と手間が必要となります。そのために、マンガや縦読みデジタル漫画といったメディアから優良な作品を発掘し、ドラマや映画へのメディアミックスを狙います。縦読みデジタル漫画は、そもそもドラマの脚本として売り込むことを前提として制作される側面があり、韓国ドラマの多くは、縦読みデジタル漫画作品が原作ともいわれています。

　先述しましたが、ゲームの大型作品は巨額開発資金が必要とされます。映画やテーマパークなどへさまざまなメディアミックスを行うことにより、開発資金回収を狙います。このように、各メディアから見たときに、メディアミックスを指向する裏の事情が存在します。

　次に、メディアミックスの順序性について考えていきたいと思います。基本的な考え方は、低投資で「多産多死型」のマンガや小説といったメディアから生まれた作品のうち、成功作品をより多額の投資が必要なメディア、たとえば、ドラマや映画へメディアミックスします。高投資なメディアは、より高確率での成功が求められるため、このような順序性が重要となるのです。

● 収益獲得、優良企画獲得、リスク分散が課題

メディア	メディアミックス推進の背景	補足
マンガ	ビジネスモデル	・マンガ雑誌は低収益 ・単行本（コミックス）などで回収するモデル
映画ドラマ	優良脚本獲得	・優れた脚本不足のため、マンガや縦読みデジタル漫画を活用 ・大型映画は巨額投資が必要なため、回収・リスク分散手段が必要
縦読みデジタル漫画	ビジネスモデル	・ドラマ脚本として売り込むことが前提のビジネスモデル ・韓国ドラマの多くが縦読みデジタル漫画原作
ゲーム	開発資金回収	・巨額の開発資金の回収、リスク分散手段が必要

● 低い投資から大きな投資へ。メディアミックスの流れ

	低投資額／多産多死型メディア	高投資額／少産型メディア

これまで
日本が得意としてきたIP創出

出版系
マンガ　小説
個人ベースの制作活動中心

↓

縦読みデジタル漫画
マンガ

映像系メディア
TVアニメ
映画
実写ドラマ

成功作品を展開

初期投資リスクが大きいため、成功確率の高い原作を選択

これから
現在、多くのメディア企業が志向しているIP創出

ゲーム会社、放送事業者、出版会社などが、オリジナルIP創出を目指し取り組み強化中

まとめ
- ☐ 優良作品を発掘し、ドラマや映画へのメディアミックスを狙う
- ☐ 大型作品は巨額資金が必要。メディアミックスで資金回収
- ☐ 低投資からはじめて高額メディアへと展開する

017
THE BEGINNER'S GUIDE TO
INTELLECTUAL PROPERTY BUSINESS

メディアミックス戦略
メディア間相関性、チャレンジなど

◎ 原作との相乗効果・シナジーをいかに発揮するか

「メディアミックス」の成功には、メディア間の相性という点も考慮する必要があります。小説から映画および音楽へのメディアミックスは、メディアミックスの伝統モデルといえます。ベストセラー小説を映画化し、その主題歌も同時に発売するという形です。また、マンガからアニメへのメディアミックスは王道といえます。原作マンガは、アニメの絵コンテとして機能します。また、縦読みデジタル漫画から実写ドラマへのメディアミックスは、縦読みデジタル漫画の「絵」重視という特性から相性がよいと考えられます。ゲームのアニメ化や映画化も、成功事例が出てきています。一方で、マンガやアニメから、リアリティーを伴う実写映像化は難易度が上がります。

次に、メディアミックス実施に伴うチャレンジや論点について触れます。まずは、原作への忠実性や世界観の統一といった点が考えられます。原作者や原作ファンは、作品への強いこだわりや高い期待値をもっており、これに応えることが重要となります。また、コンテンツ量や時間制約といった面もあります。アニメ数十話の映画化に際しては、数時間にストーリーを凝縮する必要があります。連動制・シナジーといった論点もあります。原作との相乗効果・シナジーをいかに発揮するかという点です。たとえば、ゲームから映画へのメディアミックスに際し、既存ゲームファンが気づく仕掛けを映画に盛り込むといったことや、マンガのアニメ化に際し、マンガでは描かれなかった追加ストーリーを入れ込むなどの手法が考えられます。

● メディアミックスにおいて、メディア間の相性／難易度も存在する

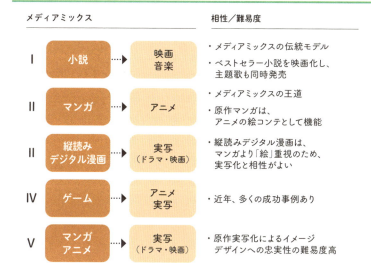

	メディアミックス		相性／難易度
I	小説 → 映画・音楽		・メディアミックスの伝統モデル ・ベストセラー小説を映画化し、主題歌も同時発売
II	マンガ → アニメ		・メディアミックスの王道 ・原作マンガは、アニメの絵コンテとして機能
III	縦読みデジタル漫画 → 実写（ドラマ・映画）		・縦読みデジタル漫画は、マンガより「絵」重視のため、実写化と相性がよい
IV	ゲーム → アニメ・実写		・近年、多くの成功事例あり
V	マンガ・アニメ → 実写（ドラマ・映画）		・原作実写化によるイメージデザインへの忠実性の難易度高

● 検討すべきチャレンジ／論点を踏まえた推進が必要

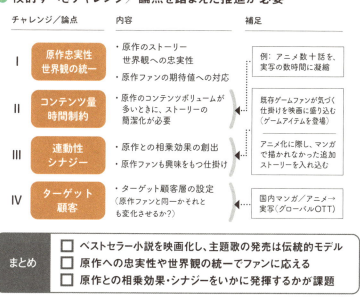

	チャレンジ／論点	内容	補足
I	原作忠実性 世界観の統一	・原作のストーリー 世界観への忠実性 ・原作ファンの期待値への対応	例：アニメ数十話を、実写の数時間に凝縮
II	コンテンツ量 時間制約	・原作のコンテンツボリュームが多いときに、ストーリーの簡潔化が必要	既存ゲームファンが気づく仕掛けを映画に盛り込む（ゲームアイテムを登場）
III	連動性 シナジー	・原作との相乗効果の創出 ・原作ファンも興味をもつ仕掛け	アニメ化に際し、マンガで描かれなかった追加ストーリーを入れ込む
IV	ターゲット 顧客	・ターゲット顧客層の設定（原作ファンと同一かそれとも変化させるか？）	国内マンガ／アニメ→実写（グローバルOTT）

まとめ
- ☐ ベストセラー小説を映画化し、主題歌の発売は伝統的モデル
- ☐ 原作への忠実性や世界観の統一でファンに応える
- ☐ 原作との相乗効果・シナジーをいかに発揮するかが課題

018
THE BEGINNER'S GUIDE TO
INTELLECTUAL PROPERTY BUSINESS

「顧客セグメント」を広げて、IPビジネスを拡大する

◉ 顧客セグメントを拡大する手法とは

ターゲットとなる「顧客セグメント」を広げることにより、IPビジネスを拡大するという視点も大事です。いくつかの例を見てみたいと思います。

ゲームから映画へのメディアミックスは、ゲーマー層からゲーマー層以外に顧客層を拡大するものです。ゲーマーが幼い子供層だとすると、映画化によりその親が一緒に映画鑑賞するケースが想定され、顧客層を家族層に拡大することが可能となります。

また、玩具を実写映画にメディアミックスすることにより、以前は顧客であったが今は離れてしまった顧客を再度獲得することが可能となります。誰でも幼少期に玩具や人形で遊んだ経験があると思いますが、年を経るとそれらの子供向け玩具から離れてしまうものでしょう。子供が大人になったタイミングで、実写映画化し以前の顧客の再獲得を図る戦略です。

また、マンガやアニメから実写ドラマへメディアミックスすることにより、国内ファンから、海外の視聴者に顧客層を拡大する戦略もあります。マンガでは翻訳されず国内のみで人気だった作品を実写化しグローバル動画配信にて流通させることにより、顧客層をグローバルに広げることが可能となります。

一方で、特性顧客セグメントのみにあえてフォーカスするという戦略も存在します。たとえば、オタク層というニッチセグメントにフォーカスし、マンガからアニメやフィギュアといったメディアミックスを行い囲い込みを行うという戦略です。

● 新たな顧客セグメント獲得や特定顧客セグメントの囲い込みが可能に

Part 3 ― IPビジネスのビジネスモデル

■ 顧客セグメント拡大戦略

■ 顧客セグメント囲い込み戦略

| まとめ | □ ゲームから映画はゲーマー層以外に顧客層を拡大できる
□ 国内のみの人気マンガ・アニメの実写化でグローバル化を狙う
□ ニッチセグメントにフォーカスし、メディアミックスで囲い込む |

019 変化するコンテンツ消費活動

THE BEGINNER'S GUIDE TO
INTELLECTUAL PROPERTY BUSINESS

◎ 世代ごとに異なる消費活動の特徴を理解する

　メディア企業が顧客戦略を練るうえで、消費者のコンテンツ消費活動動向を理解することが重要です。コンテンツ利用におけるプラットフォーム面においては、全世代的にみて、テレビ視聴時間がインターネット利用時間にシフトしています。動画コンテンツの消費場所に関しても、これまでの家族団欒でのリビングルームでのテレビ視聴から、個々人のスペースでコンテンツ消費を行ったり、通勤通学時間などのスキマ時間、移動時間での消費に変化しています。

　消費者世代は、X世代、Y世代などに分類されますが、Z世代（1990年代半ば〜2010年代序盤に生まれた世代）と呼ばれる幼少期からインターネットやスマートフォンを身近に育ったデジタルネイティブ世代以降は、消費活動においてこれまでの世代とは異なる特徴がみられるといわれています。Z世代は、動画視聴やソーシャルゲーム利用にPCやタブレットよりもスマートフォンを利用する傾向があります。また、情報収集方法としては、テレビやインターネット検索といったものから、SNSが主役となっています。消費ビヘイビア（行動）に関しては、インターネット動画配信サービスの登場により大量にコンテンツが生成されるようになり、タイパ（タイムパフォーマンス）重視といわれ、倍速視聴や嗜好に合わない作品については直ぐに消費をやめ、別のコンテンツにシフトしてしまいます。

　このように、これからの消費の中心を担っていくであろうZ世代以降を含め、消費者層ごとのコンテンツ消費活動を理解したうえでの顧客戦略立案がメディア企業に求められます。

● 世代ごとのコンテンツ消費活動の特徴を理解したうえでの顧客戦略

Part 3 ＩＰビジネスのビジネスモデル

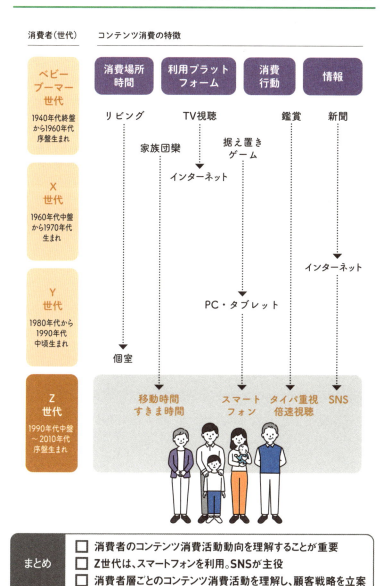

消費者(世代)	コンテンツ消費の特徴

ベビーブーマー世代
1940年代終盤から1960年代序盤生まれ

X世代
1960年代中盤から1970年代生まれ

Y世代
1980年代から1990年代中頃生まれ

Z世代
1990年代中盤〜2010年代序盤生まれ

消費場所時間：リビング → 家族団欒 → 個室 → 移動時間 すきま時間
利用プラットフォーム：TV視聴 → 据え置きゲーム → インターネット → PC・タブレット → スマートフォン
消費行動：鑑賞 → タイパ重視 倍速視聴
情報：新聞 → インターネット → SNS

まとめ	☐ 消費者のコンテンツ消費活動動向を理解することが重要
	☐ Z世代は、スマートフォンを利用。SNSが主役
	☐ 消費者層ごとのコンテンツ消費活動を理解し、顧客戦略を立案

020 THE BEGINNER'S GUIDE TO
INTELLECTUAL PROPERTY BUSINESS

マルチプラットフォーム戦略で
ビジネスを拡大する

◉ マルチプラットフォーム化で、提供者のみならず顧客メリットも実現

　映像業界やゲーム業界などのメディア企業において、「マルチプラットフォーム化」を通じてIPビジネスの拡大が可能です。

　映像業界においては、従来は、放送という流通プラットフォームを通じて、主に国内の視聴者をターゲットとしてきました。海外ビジネス獲得のためには、制作したコンテンツを各国ごとに個別に営業、販売交渉するという形態でした。

　ところが、2010年代頃よりインターネット動画配信という新たなプラットフォームが市民権を得はじめます。このグローバル・インターネット配信は、世界中の視聴者に一気に流通させることが可能という点で放送とは異なります。動画配信プラットフォームの登場により、映像事業者は放送に加え、動画配信サービスという流通プラットフォームの並行利用が可能となり、海外の視聴者へも作品を流通させることができるようになりました。

　ゲーム業界においては、以前は据え置き型ゲーム機が主流であり各メーカー機器ごとにゲームソフトが決まっていました。その後、他社ゲーム機器、PC、スマートフォンといったさまざまなプラットフォーム上でプレイできるゲームが登場し、ゲームソフトメーカーは、特定ハードに縛られることなく顧客にサービス提供が可能となりました。特定メーカーのハードウェア人気に左右されることがなくなり、経営リスク低減にもつながりました。またゲームユーザーは、プラットフォームに関わらずクロスプラットフォームで対戦できることが可能となり、顧客利便性も同時に向上したといえます。

52

● 映像業界やゲーム業界などによるマルチプラットフォーム化

Part 3 IPビジネスのビジネスモデル

映像業界

従来：
- テレビ放送・衛星放送
- 主に、国内視聴者向けビジネス
- 海外販売は、個別の国ごとに営業

今後：
- テレビ放送・衛星放送 ＋ インターネット配信

提供者
- 収益源の多様化
- グローバル視聴者へのアクセス

ユーザー
- 複数プラットフォームの並行利用（TV＋映像配信サービス）

ゲーム業界

従来：
- コンソール型ゲーム
- プラットフォームごとのゲームソフト

今後：
- コンソール型ゲーム ＋ PC・モバイル

提供者
- 収益源の多様化
- 特定ハードウェア依存リスク回避（特定ハードウェア人気低下リスク）
- マルチプラットフォーム展開し易い開発ツールの登場

ユーザー
- クロスプラットフォームでのプレイ

まとめ
- ☐ インターネット配信が、世界中の視聴者への同時流通を可能に
- ☐ 映像事業者は放送と動画配信サービスの並行利用が可能
- ☐ クロスプラットフォーム化で、ユーザーの利便性も向上

021 THE BEGINNER'S GUIDE TO
INTELLECTUAL PROPERTY BUSINESS

韓国の事例からみる
グローバル戦略

● 国策としてコンテンツ業界発展に向けた支援を実施

　日本のメディア企業がグローバル戦略を考えるうえで、参考となるのが、隣国韓国のコンテンツ産業のこれまでの営みです。**韓国は、映画、ドラマ、音楽といったメディア領域でグローバル市場においてプレゼンスを確立しています。**2020年には、「パラサイト 半地下の家族」という映画で、英語以外の作品として初めてアカデミー賞作品賞を受賞しました。また、2020年以降は、動画配信サービスにて「イカゲーム」などの作品がグローバルで視聴率トップを獲得しています。

　韓国メディア業界の歴史を振り返ると、1990年代後半に経済危機に見舞われ苦しむなかで、コンテンツや文化の輸出産業化を模索してきました。1990年代から2000年代初期において、中国、東南アジア、日本といったアジア各国へのドラマ輸出を成功させます。その後、先述したアカデミー賞の受賞やグローバル配信ヒット作などアジア以外の地域を含めた成功に至ります。

　韓国では、政府がコンテンツ振興のための組織を設立しコンテンツ業界発展に向けた支援を行ってきました。

　また、映像制作会社に関しては、2010年代後半においては、放送局の下請けではなく、自社で企画、制作、販売まで独立的に手掛ける**「スタジオ型」**と呼ばれるビジネスモデルを築き、ドラマヒット作品を生むようになりました。

　韓国の例から、グローバルプレゼンス獲得には、中長期にわたる継続的・戦略的な取り組みが重要であることが理解できます。

54

韓国メディアの変遷

1990年代前半
韓国ドラマが中国でヒット
- 「愛が何だって」

1990年代後半
- 経済危機に見舞われる
- 文化は基幹産業として、文化輸出に力を入れはじめる
- ドラマ作品を東南アジア等へ輸出

「韓流」という言葉が生まれる

2000年代
韓国ドラマが日本でヒット
- 日本の成功でドラマ輸出に自信を得る
- 「冬のソナタ」
  「宮廷女官チャングムの誓い」
  「私の名前はキム・サムスン」など

2010年代
- 韓国コンテンツ振興院(KOCCA)設立
- 「スタジオ型」とよばれる企画、制作、流通、販売まで手掛ける制作会社登場

Netflix 韓国でのサービス開始

2020年代
「パラサイト 半地下の家族」で、アカデミー賞作品賞受賞
- 動画配信サービスにて「愛の不時着」「イカゲーム」などの作品がグローバルで高評価を獲得

まとめ
- ☐ 韓国メディアは、グローバル市場での地位確立に成功
- ☐ 韓国政府がコンテンツ業界発展に向けた支援を実施
- ☐ 自社で企画、制作、販売まで手掛ける「スタジオ型」の登場

Part 3 IPビジネスのビジネスモデル

022 THE BEGINNER'S GUIDE TO
INTELLECTUAL PROPERTY BUSINESS

国内メディア企業の
グローバル化へのチャレンジ

● グローバルで戦える慣行やルール、技術の習得が必須

　グローバル化が進むメディア業界ですが、国内メディア企業のグローバル化には多くのチャレンジが存在します。日本は、国内市場が比較的大きく、これまでは国内ビジネスのみで事業拡大・維持することができました。しかし、人口減少・少子化が進むなか、海外市場攻略に長期的、戦略的に取り組む必要があります。

　オペレーション面では、「企画」「制作」「流通」「権利・契約」の各領域でチャレンジが存在します。「企画」面においては、国内の人気俳優に過度に依存したコンテンツ作品はグローバル市場では難しいでしょう。優れた脚本・ストーリーを備えた普遍的な魅力を持つ作品が必要とされます。「制作」面においては、今後よりグローバル動画配信事業者などとの協業が増える環境下においては、グローバルなビジネス慣行・ルールなどへの適合が求められます。曖昧な契約慣行は、より明確化・文書化が必要とされるでしょう。また、グローバル基準に合致した労働環境整備が必要とされます。VFX（視覚効果）やコンピュータグラフィックスなどを含めた技術面においては、グローバルで戦える技術者・エンジニアの確保・育成が重要となります。「流通」面においては、グローバル配信サービスが存在感を増すなか、海外事業者とのネットワークや交渉力をもつ人材も必要となるでしょう。

　また、出版業界でも日本語の作品を大量かつ迅速に翻訳する機能の強化が求められるなど、メディア業界ごとに、さまざまなチャレンジが存在すると考えられます。

● グローバル化で戦略、オペレーション、人材面のチャレンジが存在

Part 3

IPビジネスのビジネスモデル

カテゴリ　　　　　　　　　国内メディア企業のグローバル化に向けた主なチャレンジ

戦略

海外ビジネスの**意識の向上**
・長期的視点でのグローバル戦略
　立案と実行

オペレーション

企画

グローバルに訴求する**企画力**

流通

国内外の多様なOTTプラットフォームの
積極活用
・グローバルでの流通促進体制強化
　（出版業界における翻訳体制など）

**権利
契約関係**

・権利関係についての整備
　一元化（複雑な権利処理の効率化）
グローバルに通用する**契約手続き**

組織・人材

・グローバルネットワーク／人材の獲得・育成
優秀なクリエイティブ**人材の発掘・育成**

まとめ	☐ 優れた脚本・ストーリーを備えた普遍的魅力が必要
	☐ グローバルなビジネス慣行・ルールなどへの適合が課題
	☐ グローバルで戦える技術者・エンジニアの確保・育成が重要

● Column

地域経済の活性化・発展に寄与する「聖地巡礼」

　コンテンツIPの価値は、メディア業界内に閉じたものではなく、他産業への経済波及をもたらす力にあります。たとえば、「聖地巡礼」による地域経済への波及効果がその一例です。

　「聖地巡礼」とは、アニメ、マンガ、ドラマ、映画などの舞台となった地域・場所を、ファンが実際に訪問し、作品の舞台となった建物や景色などを鑑賞したりすることを指します。そのことにより、地域の飲食店、商店、宿泊施設、交通機関などで需要が生まれ、地域経済の活性化・発展に寄与します。

　また、「巡礼者」訪問による経済効果が地域側にも明らかになるにつれ、地域の行政、商工会議所、住民といったさまざまな関係者側でもコンテンツIPを地域経済発展に積極活用していこうという意識が芽生えます。たとえば、IPにちなんだお土産・グッズ製作・販売やさまざまなイベントなどの企画アイデアが生まれます。スタンプラリーを実施し、現地の飲食店・商店などの店舗を回遊させる企画や、作品に登場した俳優やアニメ声優を招いたイベント、コスプレイベントなどが考えられます。

　さらに、現地を訪問するなかで、「巡礼者」はIPとは関係なく、もともと現地に存在していた観光資源・文化といったものの魅力に気づき、また現地住民とのコミュニケーション・触れ合いが生まれることにより、地域訪問のリピーターになり、なかには移住する人も存在します。このように、コンテンツIPのもつ他産業や地域への波及力を理解することで、IPの活用シーン・利用シーンを拡大させることができます。

THE BEGINNER'S GUIDE TO INTELLECTUAL PROPERTY BUSINESS

Part

4

IPビジネスの
分類とパターン

023 THE BEGINNER'S GUIDE TO
INTELLECTUAL PROPERTY BUSINESS

コンテンツIPビジネスの
代表的な5つの分類とパターン

● 自社／他社のコンテンツIPを活用する5つのパターン

コンテンツIPを活用したビジネスには、自社のコンテンツIPを活用する場合と、他社のコンテンツIPを活用する場合の双方が存在し、全体で5つに分類されます。各ビジネスの詳細はこの後の節で解説し、本節では概要を紹介します。

まず、自社のコンテンツIPを活用する3つのビジネスパターンについてです。自社のIPを活用する場合、自社でコンテンツビジネスを行うものと、他社にIPを提供するものに分かれ、前者には①メディアミックス（Part 3で説明）と②シリーズ化があります。

シリーズ化は、初期コンテンツ作品の続編やスピンオフ、クロスオーバー作品などを製作することにより、長期にわたって収益拡大を狙うビジネスとなります。

後者に該当するのが③ライセンスビジネスで、こちらは他社にIPを使った商品の販売や映像作品の製作などを許諾し、その対価としてライセンスフィーを獲得するビジネスです。

次に、他社のコンテンツIPを活用する2つのビジネスパターンについてです。他社IP活用コンテンツビジネスは、④他社のIPを使った商品の開発・販売などを行うビジネスです。⑤他社IP支援は、いくつか種類があり、他社のIPのプロデュースや、IPのライセンサー（ライセンスする側）とライセンシー（ライセンスを受ける側）間のコラボレーションの仲介、コンテンツファンドの運用やIPの管理代行などのビジネスがあります。

● 代表的なコンテンツIPビジネスの分類・パターン

Part 4 IPビジネスの分類とパターン

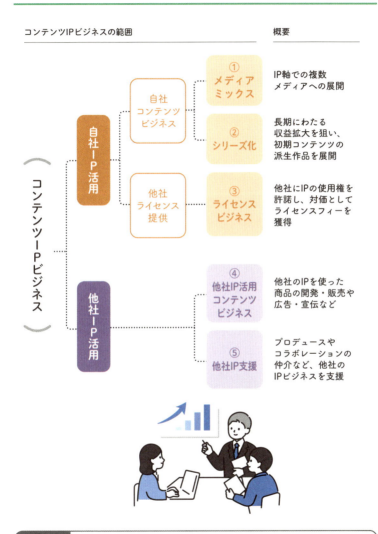

まとめ	☐ 自社でコンテンツビジネスを行う①メディアミックス②シリーズ化
	☐ 他社にIPを提供する③ライセンスビジネス
	☐ 他社IPを活用する④他社IPの商品開発・販売⑤他社IP支援

024

THE BEGINNER'S GUIDE TO
INTELLECTUAL PROPERTY BUSINESS

シリーズ化
シリーズ化の3つの展開パターン

● シリーズ化は中長期的な収益を目的としたビジネスモデル

「シリーズ化」は、中長期にわたる収益の獲得を目的としたコンテンツビジネスモデルとなり、展開パターンは、①続編、②スピンオフ、③クロスオーバーの3つに分類できます。コンテンツのなかでも、特に映画やゲームにおいてこれらのパターンが使われます。

「続編」には「後日譚（シークエル）」と「前日譚（プリクエル）」があります。後日譚は、初期コンテンツ作品の終了後の出来事を描いた作品であるのに対し、前日譚は初期コンテンツ作品が始まる前の出来事やそれに至るまでの経緯を描いた作品となります。

「スピンオフ」では、「登場人物を共有する」パターンと、「設定と世界観を共有する」パターンがあります。登場人物の共有では、初期コンテンツ作品の主人公以外の登場人物に焦点を当てて作品を作り、設定と世界観の共有では、初期コンテンツ作品にあった設定や世界観を活用して新たな作品を作ります。

「クロスオーバー」では、自社の保有するコンテンツの登場人物が一堂に会し、一つの作品として作られるものと、異なる企業のコンテンツの登場人物が一堂に会し、一つの作品として作られるものがあります。

近年では、初期コンテンツの製作時から、シリーズ化を見越して製作される作品も存在しますが、初期コンテンツが期待通りにヒットせずにシリーズ化が実現しないことも多くあります。この辺りがIPビジネスの難しいところだといえるでしょう。

▶ シリーズ化で3つの展開パターン

Part 4
IPビジネスの分類とパターン

展開パターン		概要
① 続編	後日譚（シークエル）	既存のコンテンツの終了後の出来事を描いたコンテンツ
	前日譚（プリクエル）	既存のコンテンツの始まる前の出来事やそれに至るまでの経緯を描いたコンテンツ
② スピンオフ	登場人物の共有	既存のコンテンツの主人公以外の登場人物に焦点を当てたコンテンツ
	設定・世界観の共有	既存のコンテンツの設定や世界観を活用して新たなストーリーを描いたコンテンツ
③ クロスオーバー	自社IPとのクロスオーバー	自社での異なるコンテンツの登場人物が集まり、1つの作品として作られたコンテンツ
	他社IPとのクロスオーバー	複数の企業が保有するコンテンツIPの登場人物が集まり、1つの作品として作られたコンテンツ

まとめ
- ☐ 続編には「後日譚（シークエル）」と「前日譚（プリクエル）」
- ☐ スピンオフは「登場人物」、または「設定と世界観」を共有
- ☐ クロスオーバーでは自社／他社の登場人物が一堂に会する

025 THE BEGINNER'S GUIDE TO
INTELLECTUAL PROPERTY BUSINESS

シリーズ化
シリーズ化の効果と留意点

◉ シリーズ化ヒットは大衆的なコンテンツIPへの昇華に期待

「シリーズ化」によって期待される効果の一つは、長期にわたって収益の獲得が可能ということです。実際に、**2024年の日本映画の興行収入上位10作品のうち8作品がシリーズ作品に該当し、ゲームにおいては、2024年のゲームソフトの販売数上位10作品のうち9作品がシリーズ作品**に該当します。[*]

ヒットしたコンテンツIPを一つ作ることができ、それをうまくシリーズ化へと展開できれば、初期コンテンツで獲得したファンに加え、シリーズ化のコンテンツで新規ファンを獲得することで、さらに**魅力的で大衆的なコンテンツIP**へと昇華させることが可能になります。

一方で、供給過多になってしまうと、たとえメガヒットコンテンツであってもライト顧客層が離れてしまったり、コンテンツのブランド価値が低下してしまったりするという危険性もはらんでいます。

2010年代は多作により活況であったシリーズ作品においても、昨今では消費者の嗜好の変化などによって期待通りの興行成績をあげられない作品が多発する状況から、シリーズのポートフォリオを見直し、製作本数を減らす方向転換を強いられたケースが起きるなど、**シリーズ作品をどのように展開していくかという戦略は非常に重要**になっています。

また、「クロスオーバー」作品の展開においては、コンテンツIPごとや会社間の収益配分・権利関係の整理といった点が留意点として挙げられます。

＊2024年全国映画概況（日本映画製作者連盟）
ファミ通ゲームソフト・ハード売上ランキング 2024 年年報（KADOKAWA Game Linkage）

● シリーズ化の期待される効果と留意点

効果

収益確保
- 既存作品のファンの消費による一定の収益確保
- ロングテール化による長期の収益確保

顧客層拡大
- シリーズ化作品による新規ファンの獲得

IP価値の向上
- ロングテール化や顧客層の拡大により大衆的なコンテンツIPへと昇華

留意点

顧客の離脱
- 供給過多により既存作品のファンが脱落

収益性の低下
- スタッフや出演者のギャランティーなど、製作費の上昇による収益性の低下

IP価値の低下
- シリーズ化作品の興行的失敗や質の低下の影響による、IP価値の低下

煩雑なIP管理
- コンテンツIPごとの収益配分が煩雑
- 他社IPとのクロスオーバーの際に、コンテンツIPを保有する企業間の権利関係の整理が必要

まとめ
- ☐ シリーズ化で既存のファンに加え、新規ファンを獲得できる
- ☐ 供給過多は、ライト層の離脱やブランド価値が下がることも
- ☐ クロスオーバーはコンテンツや会社ごとの収益・権利に留意

Part 4 IPビジネスの分類とパターン

ライセンスビジネスのスキーム

● 主なプレイヤーはライセンサー、ライセンシー、エージェンシー

「ライセンスビジネス」は、IPを保有する個人または企業（ライセンサー）が、それ以外の個人または企業（ライセンシー）に対し、IPの使用権を承諾し、IP由来の商品化や映像化などの売上の対価を獲得するビジネスモデルとなります。

右の図がライセンスビジネスのスキームの大枠となりますが、主なプレイヤーは、「ライセンサー」（著作者やコンテンツホルダー）、「ライセンシー」（メーカー、放送・出版事業者、自治体など）のほか、ライセンスビジネスの実行を支援する立場の「エージェンシー」（ライセンスエージェントや広告代理店）の3者になります。

ライセンサーは、利益率の高いロイヤリティ収入を獲得するビジネスの実現と新たなマーケットの開拓を目指し、自社のIPを使った商品の販売や、映像化、IPとコラボレーションした販促キャンペーンの実施などを目指すライセンシーに対し、IPの使用許諾を行います。IPの使用許諾を行う際には、ライセンス利用時のガイドラインなどでライセンシーへの許諾範囲と制限事項を明確に設定し、合意形成を図ることが重要となります。

企業によっては、外部企業を使用せず、自社やグループ会社でその役割を担うケースもありますが、ライセンサーとライセンシーの間の窓口となり、IPの管理代行やコラボレーションの企画・プロデュース、ライセンス利用時のガイドラインの作成・助言などにより対価を得るエージェンシーが存在します。

● IPライセンスビジネスのプレイヤーとスキーム

Part 4

IPビジネスの分類とパターン

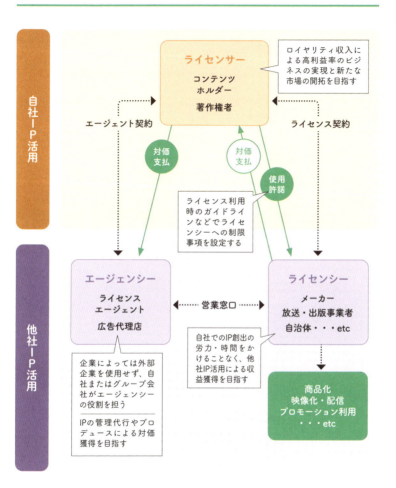

まとめ	☐ ライセンサーはロイヤリティ収入の獲得と市場の新規開拓を目指す ☐ IPの使用許諾は、ガイドラインを設定し、合意形成が重要 ☐ エージェンシーはライセンサーとライセンシー間の窓口

027 THE BEGINNER'S GUIDE TO
INTELLECTUAL PROPERTY BUSINESS

ライセンスビジネスの展開パターン
コト消費

「体験」にお金を使う消費行為とIP活用が人気

　前節でスキームを紹介した、IPを使ったライセンスビジネスの具体的な展開パターンについて見ていきます。

　Part 4では、「コト消費」「モノ消費」「タイアップ・広告」の3つに分けて解説しますが、そのなかでも「コト消費」（本書では「コト」イコール「体験」にお金を使う消費行為と定義します）に関連したIPの活用が近年目立っています。

　なかでも、メディアミックスにも通ずる、アニメ、漫画やゲーム作品の実写映像化や2.5次元ミュージカル（アニメ、漫画、ゲームなどを原作・原案としたミュージカル）といったライブエンタテインメントやテーマパークでの活用が盛んになっています。近年のテクノロジーの進歩によって、以前よりもファンが満足し得るレベルで作品の世界観を再現することが容易になったことが一因と考えられます。

　また、最近では、他業種によるIPとのコラボレーションによる、体験価値を向上させるサービスが人気を集めています。具体的な例としては、アニメ、漫画、実写作品と縁があり、ファンにとって思い入れのある場所を聖地として巡る聖地巡礼ツアーや、ホテルの客室の内装やアメニティに人気のキャラクターを活用したキャラクターコンセプトルーム、作品やキャラクターにちなんだ内装や食事のメニューを提供するコラボレーションカフェといったものがあり、インバウンドによる観光客のなかには、これらのサービスの体験を訪日目的とするケースも少なくないようです。

● コト消費の展開パターン例

コト消費

映像化 他メディア展開
具体例：実写映画・ドラマ、アニメ、オーディオブック、ゲームなど

ライブエンタテインメント
具体例：ミュージカル、歌舞伎、アイスショーなど

イベント
具体例：コラボレーションカフェ、ファンツアー・聖地巡礼ツアー、作品展など

空間
具体例：キャラクターや世界観を活用したテーマパーク、ホテルのキャラクターコンセプトルームなど

まとめ
- ☐ アニメ、漫画やゲーム作品の実写映像化や2.5次元ミュージカル
- ☐ アニメ、漫画、実写作品ファンが聖地として巡る聖地巡礼ツアー
- ☐ キャラクターコンセプトのホテルがインバウンドに人気

Part 4　IPビジネスの分類とパターン

028 THE BEGINNER'S GUIDE TO
INTELLECTUAL PROPERTY BUSINESS

ライセンスビジネスの展開パターン
モノ消費

● アニメやアーティストの「推し活」が牽引する「モノ消費」

「モノ消費」については、好みのアニメやキャラクター、アーティストなどを応援する「推し活」の影響が見られますが、**物理的な商品が存在する「モノ」と、物理的な商品が存在しない「デジタルグッズ」**に分けて紹介します。

モノとしては、**書籍や雑誌、キャラクターを模したフィギュアや玩具、キャラクターのイラストが描かれたアパレル商品**などです。数年前までは、キャラクターが描かれた服は一部の熱狂的なファンのみが着用する印象もありましたが、今ではアニメ好きを公言する著名人も多く、**ファストファッションやラグジュアリーブランドとコラボレーション**する例も珍しくなくなりました。

推し活消費をターゲットとしたグッズとして、最近ではキャラクターのイラストを使用した**缶バッジやアクリルスタンド**といった比較的安価なグッズの消費が増えています。作品に登場するすべてのキャラクターを集めたり、外出先で一緒に写真を撮ったりするなど楽しみ方はさまざまですが、価格の安さに加え、持ち運びやすく、同じ時間・空間を推しのキャラクターと過ごせるというのが人気を集めている理由の一つのようです。

「デジタルグッズ」としては、メッセージングアプリのスタンプや、ゲーム内でのキャラクターの服装や装備への活用が挙げられます。これらは消費を通じてIPのファンロイヤルティを向上させるだけでなく、IPを知らない人向けのタッチポイントの役割も果たしていると考えられます。

● モノ消費の展開パターン例

モノ消費

物理的な商品が存在する「モノ」

具体例
- 書籍や雑誌
- キャラクターのフィギュアや玩具
- キャラクターのイラストが描かれたアパレル商品や雑貨
- トレーディングカード
- キャラクターのイラストを使用した缶バッジやアクリルスタンドなど

物理的な商品が存在しない「デジタルグッズ」

具体例
- メッセージングアプリのスタンプ
- ゲーム内でのキャラクターの服装や装備（スキン）など

まとめ
- ☐ ファストファッションやラグジュアリーブランドとのコラボも
- ☐ アクリルスタンドや缶バッジなど価格の安さと携帯性が人気
- ☐ デジタルグッズはIPを知らない人向けのタッチポイントに

029 THE BEGINNER'S GUIDE TO
INTELLECTUAL PROPERTY BUSINESS

ライセンスビジネスの展開パターン タイアップ・広告利用

● 食品類の商品ラベル、地域とのタイアップで好循環を

　3点目の「タイアップ・広告」利用のなかでも、**食品、飲料・酒類などの商品ラベルへの活用**や**IPとコラボレーションしたプレゼントキャンペーン**の実施はよく目にするのではないでしょうか。「タイアップ・広告」は、購入および消費前に品質を訴求することが難しい商品・サービス群の販売促進において有効で、小売業者は消費者の購入増加も期待できます。

　特定の層をターゲットにしたタイアップとして、パチンコなどの遊技機での使用があります。コンテンツのファンを対象として、遊技機の使用を促すことが目的となりますが、遊技機でコンテンツに触れたことがきっかけで、幼少期・青年期にファンだった消費者が再びファンになったり、コンテンツを知らなかった消費者が新たにファンになったりと、結果としてコンテンツIPのファンの拡大や寿命の長期化という好循環が起きたケースもあります。

　また、Part 3のコラムで紹介した聖地巡礼にも通じますが、**コンテンツIPとのタイアップによって地域の魅力度を向上**させている事例もあります。

　たとえば、**クレヨンしんちゃんの舞台となっている春日部市**では、主要公共施設へのキャラクターのモニュメントの設置や、コミュニティバスの車内放送を主人公の野原しんのすけが務めるといった取り組みを進めており、国内外からの観光客増加につながっているようです。

タイアップ・広告の展開パターン例

まとめ	☐ タイアップにより品質の訴求が難しい商品・サービスの販促に有効 ☐ 遊技機などでの使用でコンテンツIPのファンの拡大や寿命長期化 ☐ コンテンツIPとのタイアップにより地域の魅力を向上

030 THE BEGINNER'S GUIDE TO INTELLECTUAL PROPERTY BUSINESS

他社のIPを使ったビジネスの効果と留意点

● IP活用によってシナジー効果を創出できるのか見極める

　他社のIPを活用したビジネスとして、他社IPと自社商品・サービスとのコラボレーションや他社IPのライセンス利用といった形態があります。

　期待される効果として、ヒットIPを産み出すための時間と労力の削減が挙げられます。

　知名度が高く、すでに一定のファンを獲得しているIPを活用することで、自社の商品・サービスの認知度の向上につながり、商品・サービス自体の差別化が難しい場合においては、消費者の購買決定要因になり得ます。

　このような効果がある一方で、留意点もいくつか存在します。そのIPが自社の商品・サービスのイメージと合うのか、そして活用によってどのようなシナジー効果を創出できるのか、をしっかり見極める必要があります。

　また、IPの使用方法や使用範囲について曖昧な理解のまま契約した結果、双方の解釈が異なり、想定していた形での使用ができなかったというようなリスクも生じるため、条件確認および契約締結にはしっかりと注意を払う必要があります。

　他社IP活用においては、IP創出のための時間・労力は不要となりますが、IPを活用するまでにライセンサーとの許諾交渉や契約手続きなど、時間をかけて取り組むべきプロセスがあるので、その期間をしっかりと見積もっておくことが重要です。

● 他社のIPを使ったビジネスの効果と留意点

効果

IP創出の時間・労力が不要
- 多大な時間や労力が必要となるIP創出にかかるコストが不要

商品・サービスの認知度や魅力度の向上
- 知名度の高いIPの活用により、商品・サービスへの認知度向上につながる
- 製品自体の差別化が難しい場合に、IPによる差別化が可能

潜在顧客との接点創出
- IPに興味を持つ潜在顧客へのアプローチが可能

留意点

活用するIPと活用方法・範囲の見極め
- 活用するIPが自社の商品・サービスとイメージが合うか、シナジー効果が創出できるかの見極めが重要

ライセンス契約の条件
- ライセンサーの設定した条件内に利用範囲が限られており、自社IP活用と比較し自由度が低い
- 条件から外れた場合の違約金支払いや訴訟リスクが存在

IP活用までの期間の見積もり
- 企画の立案、許諾取得までの交渉、権利者の監修、契約手続きといったIP活用までのプロセスに必要な期間をしっかり見込むことが必要

まとめ
- ☐ 難易度の高いヒットIPを生み出す時間・労力を削減
- ☐ ファンのいるIPの活用で、自社商品・サービスの認知度向上
- ☐ ライセンサーとの許諾交渉や契約手続きには時間をかける

Part 4　IPビジネスの分類とパターン

031
THE BEGINNER'S GUIDE TO
INTELLECTUAL PROPERTY BUSINESS

他社IP支援ビジネスの展開パターン
IPプロデュース

◉ IPビジネス拡大を支援するビジネスが「IPプロデュース」

　コンテンツIPビジネスには、自社のIPビジネス拡大ではなく、他社のIPビジネス拡大を支援するビジネスが存在します。その一つが「IPプロデュース」です。

　コンテンツIPビジネスに参入したばかりの企業やクリエイターに対して、IPビジネスのノウハウや経験などを豊富に持った企業が、Part 3で解説したメディアミックスや、Part 4の024 ～ 026節で紹介したシリーズ化や、ライセンスビジネスといったビジネス展開をどのように進めていくかの戦略検討や、コンテンツIPの魅力を効果的に伝えるためのブランディング戦略や、SNS運用などの支援を行っています。

　近年では、個人のイラストレーターが創作し、SNSを通じて一部の顧客層に人気を博したコンテンツIPを、IPプロデュース企業が支援を行うことによりビジネスの多角化を実現し、大衆に人気のあるコンテンツIPへと成長させる例も増えています。

　これまでIPプロデュースを担う企業は広告代理店が中心でしたが、IPビジネスが活況となり注目を集めるなかで、異業種からの参入企業やIPビジネスの支援を生業とする企業も登場し、市場での存在感を高めています。

　また、コンテンツIPの海外展開のための各国でのローカライズ支援など、海外市場でのIPプロデュースに精通した事業者も近年では登場しています。

IP支援ビジネス・IPプロデュースの仕事

Part 4
IPビジネスの分類とパターン

IPプロデュース事業者	事業者タイプ	特徴
	広告代理店	長年の経験により蓄積されたノウハウや、広範囲なネットワークに基づく規模の大きいビジネスを展開
	IPプロデュース専門企業	専門性と柔軟な対応力を活かし、スピーディーかつニッチなビジネスを展開
	異業種（インターネットサービス業、商社など）	独自の顧客基盤や協業先、海外とのネットワークを活用したビジネスを展開

支援内容	事業者タイプ		特徴
	IP成長戦略策定	ビジネス展開パターンの検討	メディアミックス、シリーズ化、ライセンスビジネスなど採択すべきビジネス展開パターンの検討
		ビジネス展開の実行時期場所の検討	IPの特性に応じた、ビジネス展開の順序性や最適な実行時期や展開地域の検討
	ブランディング	広告展開	出稿先の選定 広告表現に関する企画
		SNS運用	フォロワー獲得のための施策立案・実行 投稿内容の企画・検討
	海外市場向けローカライズ	ローカライズ戦略の立案・実行	言語や文化的背景に配慮したローカライズ戦略の立案 各国の規制や慣習に合わせたコンテンツの調整

まとめ

- ☐ 個人が創作したIPの大衆化をIPプロデュース事業者が支援
- ☐ IPプロデュースの担い手にも変化の兆し
- ☐ 海外市場でのローカライズに精通したIPプロデュース事業者も

032 THE BEGINNER'S GUIDE TO
INTELLECTUAL PROPERTY BUSINESS

他社IP支援ビジネスの展開パターン
IPコラボレーションの仲介

● スピード感あるIPのビジネス展開を仲介業者がサポート

コンテンツIPのライセンスビジネスの課題として、**コンテンツIP
のライセンサーとライセンシー**双方がどこにどのように問い合わせ
をすれば良いかわからず、スピード感を持ったビジネス展開ができ
ずに機会損失を発生させているケースが散見されます。こうした課
題を解決するために、ライセンサーとライセンシーの間に入り、**両
者のアライアンス（業務提携・資本提携）をサポートする仲介業
者**が存在します。その仲介業者の役割について、具体例を挙げて説
明します。

コンテンツIPを活用したグッズ製作においては、ライセンシーが
ライセンサーに対して問い合わせを行い、商品化に至るケースが一
般的です。

ライセンシーが仲介業者を利用する場合は、どのコンテンツIPを
活用すべきかの提案や、ライセンサーへの商品化の許諾交渉の代行、
製作段階でのライセンサー意向の確認、完成した商品がライセンサ
ーとの契約内容に基づいたものとなっているかの監修といったサポ
ートを行っています。

また、**ライセンサーがグローバル展開を図るうえで、現地の企業
や政府関係者などとのネットワークを築くことも重要**です。そこで、
現地のステークホルダーとライセンサーとの間に入り、ネットワー
キングや交渉の支援を行う企業も登場していますが、今後ますます
需要が高まっていくと考えられます。

● IPコラボレーションの課題を解決する仲介業者の役割

IPコラボレーションの課題

自社のIPを使ったライセンスビジネスをしたいが、どの企業にお願いすれば良いだろうか・・・

魅力的なIPのグッズを作って販売したいが、まずは誰（どこ）に相談すれば良いだろうか・・・

ライセンサー　　　　　　　　ライセンシー

適切な相談先がわからず
機会損失が発生

課題の解消！

仲介業者の果たす役割

- ●適切な相談先の紹介
- ●商品化の許諾交渉
- ●製作段階での関係者の意向確認
- ●契約条件の確認
- ●海外でのネットワーキング

適切なIPコラボレーションの　　　　仲介業者
実行をサポート

まとめ
- ☐ ライセンサーとライセンシー両者のアライアンスをサポート
- ☐ 商品化の交渉や関係者の意向や契約条件の確認など
- ☐ グローバル展開上の現地の関係者とのネットワーキングを支援

033

THE BEGINNER'S GUIDE TO
INTELLECTUAL PROPERTY BUSINESS

他社IP支援ビジネスの展開パターン
コンテンツファンド

● IP創出や作品の資金調達を支援するコンテンツファンドが注目

IPの創出や関連作品の製作にかかる**資金調達を支援する「コンテンツファンド」**が近年、注目を集めています。コンテンツファンドとは、アニメや実写映画といったコンテンツIPを投資対象にして資金を募り、その資金を用いて作品を製作し、収益を投資家に分配する仕組みで、海外で取り組みが先行しています。

従来の国内でのアニメや実写映画の製作では、**作品ごとに製作委員会などを組成して資金調達を行うケース**が大半を占めてきましたが、複数企業が携わることで、参加する各企業の意見調整を行う必要があり、尖った作品作りが難しくなることや、作品の完成までに長い期間を要することがデメリットと考えられてきました。

コンテンツファンドを活用することで、製作者は少ない自己資金でも、大規模な予算による製作が可能となります。高い制作能力を有するものの、自社による資金調達が困難な**独立系の映像制作会社がクオリティの高いヒット作品**を産み出すことが期待できます。

さらに、クリエイターを中心とした関係者の報酬体系の見直しや、出資者へ適切なリターンが配分されることで次の投資に活用できるなど、良い循環が生まれることも期待されます。

また、製作委員会方式では参入が難しかった、**海外企業や国内の新しい投資家からの投資**を呼び込むことで、日本のアニメや実写映画ビジネスのさらなる活性化が期待されています。

● 製作委員会方式からコンテンツファンドへ

■ 製作委員会方式の資金調達

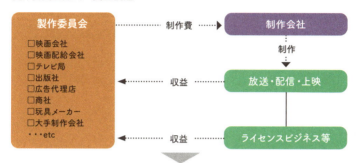

(参加する企業が多いほど、各企業の事業リスクは分散されるが、その分多くの企業の意見調整が必要なため、尖った作品作りや短期間での完成が難しい)

■ コンテンツファンドによる資金調達

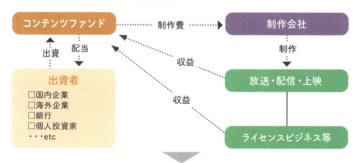

(少ない自己資金でも大規模な予算による製作が可能 国内外の新たな投資家からの投資による 日本のアニメや実写映画ビジネスの活性化に期待)

まとめ
- ☐ 少ない自己資金でクオリティの高いヒット作品が期待できる
- ☐ 報酬体系見直しで出資者への適切なリターンの配分で好循環を
- ☐ 国内外の新しい投資家による日本のアニメなどの活性化

034 THE BEGINNER'S GUIDE TO
INTELLECTUAL PROPERTY BUSINESS

他社IP支援ビジネスの展開パターン
IP管理代行

● IPホルダーに代わり専門性に基づくIP管理代行を行う

　IPコンテンツに関する知的財産や著作権に関する法律は専門性が高く、対象範囲も広いため複雑です。さらに、コンテンツIPビジネスのグローバル化を行う際には、各国の制度の理解も必要となります。

　専門知識に基づいた契約手続きやアライアンス交渉などの重要性が増していくなかで、特に最近では、IPの管理代行ニーズが出てきています。

　IPホルダーに代わってIPの管理代行業者が主に行うこととしては、知的財産の利用状況などの権利関係の管理と、コンテンツIPビジネスに関する契約書の作成や法的なトラブルへの対応などがあります。

　具体的な例としては、コンテンツIPを保護するための商標登録などの法的な権利保護を実行することや、ライセンス先の選定やガイドラインの策定といった管理体制の整備、契約書の内容の適法性の確認などが挙げられます。また、トラブルを未然に防ぐための支援や、他社からの知的財産権の侵害が発生した際の対応なども行います。

　近年ではコンテンツIPの管理だけではなく、付加価値サービスとして、ビジネス展開への助言・提案といったIPプロデュース業も同時に行う企業も登場しています。

● IPの管理代行業者の必要性

Part 4 IPビジネスの分類とパターン

IPコンテンツに関する法知識
（知的財産や著作権関連）

- 専門性が高い
- 対象範囲も広い
- 各国・地域の制度の理解が必要

→ 専門知識に基づいた正しい意思決定、アライアンス交渉、契約手続きが重要

IPの管理代行業者

▼

権利関係の管理
- 法的な権利保護（商標登録等）
- IPの使用状況の管理

契約書等の作成
- 契約書の作成
- 契約内容の適法性確認
- ガイドライン策定

法的なトラブルへの対応
- 他社による知的財産権の侵害への対応
- 他社からの知的財産権の侵害への対応

まとめ
- ☐ IPホルダーに代わって知的財産の利用状況などの権利関係の管理
- ☐ IPビジネスに関する契約書作成や法的なトラブルへの対応の代行
- ☐ ビジネス展開への助言・提案などIPプロデュースを兼ねることも

● Column

推し活グッズの登場

　かつては自室に飾って観賞するなど、自分だけで完結すること が多かったキャラクターグッズ（推し活グッズ）などの楽しみ方 ですが、推し活（自分が好きなアニメや漫画のキャラクターやア イドル、俳優を応援する〈推す〉活動）の普及によって近年大き な変化が見られます。

　変化のきっかけには、大きく2つの要因があると考えられます。 まず、以前はアニメや漫画好きであることを隠す風潮もあったよ うに感じますが、現在ではアニメや漫画好きであることを積極的 にアピールする著名人も多数登場し、個人の趣味・嗜好を公言し やすい世の中になったことです。次に考えられるのが、SNSの普 及によって個人の好きなものが可視化され、同じ趣味を持つ人同 士がつながりやすくなったことです。

　このような時代の移り変わりにより推し活が普及し、グッズは 集めて「個人で楽しむ」だけのものから、自分の推しを表現する「見 せる」ものへと変化しています。特に、比較的手頃な価格で購入 でき、簡単に持ち運びできたり、身に着けたりできるグッズが人 気を集めており、代表的なものとして、アクリルスタンドや缶バッ ジが挙げられます。

　アクリルスタンドは、イラストや写真が印刷されたアクリル板 を自立させる台座に設置したグッズで、飾るだけでなく、食事や 景色と一緒に撮影してSNSに投稿することが流行っています。

　推し活関連市場は年々拡大しており、今後も新しい推し活グッ ズが登場することが予想されます。

THE BEGINNER'S GUIDE TO INTELLECTUAL PROPERTY BUSINESS

Part

IPビジネス推進のための重要ポイント

035
THE BEGINNER'S GUIDE TO INTELLECTUAL PROPERTY BUSINESS

一般的な
IPオーナーシップの形態例

● 制作の主体が企業かクリエイターかでIPオーナーが異なる

　誰がIPの保有者になるか（企業か個人クリエイターどちらがIPオーナーになるか）については、右ページの表のようにメディアによっておおよそ決まっています。

　たとえば漫画では、完全な分業制で作られるアメリカンコミック（アメリカの漫画作品）は企業がIPオーナーとなり、一人の漫画家（とそのアシスタント）で作られることが多い日本の漫画は基本的にクリエイターがIPオーナーになるといったように、製作の主体が企業かクリエイターかによって、IPオーナーが異なります。

　クリエイターと企業の関係性・力関係によっても異なる場合があり、たとえば縦読みデジタル漫画においては、駆け出しのクリエイターの場合は縦読みデジタル漫画のプラットフォーマーがIPオーナーになり、人気があるクリエイターは自らIPオーナーになるケースもあります。

　また、これまでは製作委員会や放送局がIPオーナーだった映画やテレビ番組といった映像作品について、近年では、動画配信プラットフォーマーが独占配信権のみを取得し、それ以外の権利は制作会社が保有するといったケースも発生しています。

　企業がIPオーナーとなっている場合はIPの展開がクリエイターに依存しないため、クリエイターが亡くなった後もIPが存続していくという点と、意思決定が個人に委ねられないため、広い視野でのIPビジネスの検討ができるという点が特徴といえます。

　近年では、漫画家を中心にこうした状況を鑑み、個人事務所を設立し、事務所でIP管理を行うクリエイターも存在します。

● 一般的なIPオーナーシップの形態例と変化

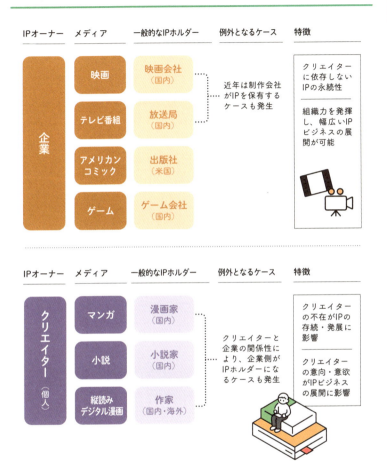

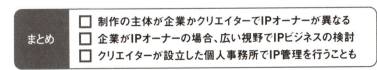

コンテンツIPの
創出・保有に向けた取り組み

▶ 各分野の企業が優良IPの創出や保有の取り組みを活性化

　IPオーナーシップをめぐる近年の動向として、各分野の企業が優良なIPの創出や保有に向けた取り組みを積極化させています。

　右ページの図に具体的な例を挙げていますが、放送事業者では、グループ内に制作機能を持った会社の設立や著名な制作会社の子会社化、韓国や中国、インドといった海外の制作会社との協業など、IPの創出力を向上させる取り組みを進めています。

　映像制作会社においても変化が見られます。これまでは、彼らが制作した作品のIPは、取引先である放送事業者などが保有するケースが主でした。

　しかし、多額の制作費を提供する動画配信プラットフォーマーの台頭など市場環境の変化を受けて、自ら作品の企画から制作までを行うことでIPを保有しようという動きがあります。この動きは韓国などが先行していますが、国内の映像制作会社においても、少しずつそのような動きが出てきており、今後活発化してくると考えられます。

　動画配信プラットフォーマーも過当競争のなかで勝ち抜くために、好条件の契約を提示し優良IPを囲い込もうとしたり、オリジナル作品の制作機能を強化しIPを保有したりという動きが見られます。ゲーム業界においては、開発費が著しく高騰していくなかで効率的にヒットIPを保有するために、ゲームスタジオのM&A（合併・買収）が頻発しています。

各企業のコンテンツIPの創出・保有に向けた取り組み例

Part 5 IPビジネス推進のための重要ポイント

企業分類	IPオーナーシップに関する近年の動向
放送局	制作会社任せではなく、グローバルに展開可能なオリジナルIPの企画・開発を目的とした**グループ内の制作企業の設立** 著名な制作会社の子会社化や、**海外制作会社や他メディアとの協業**によりIP創出力を強化
映像制作会社	外部からの資金調達やオーバー・ザ・トップ（OTT）プラットフォームなどの販路を開拓し、**自ら作品の企画・製作を行いIPを保有**
OTTプラットフォーマー	映像制作会社に対し、高額な制作費を支払うことで自社のIP（オリジナル作品）として、**独占配信権およびライセンス事業の権利を獲得** 制作スタジオとしての機能を強化させ、**オリジナル作品を作成し、IPを保有**
ゲーム会社	IP創出費＝ゲーム開発費が高騰するなか、**他社のヒットIP獲得を**目的とした**M&Aが頻発化**

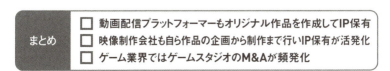

まとめ
- ☐ 動画配信プラットフォーマーもオリジナル作品を作成してIP保有
- ☐ 映像制作会社も自ら作品の企画から制作まで行いIP保有が活発化
- ☐ ゲーム業界ではゲームスタジオのM&Aが頻発化

037 THE BEGINNER'S GUIDE TO
INTELLECTUAL PROPERTY BUSINESS

IPビジネスへの転換による影響
オペレーションモデル①

● IPビジネスの推進にはオペレーションモデルの変革が必要

メディア企業が、IPビジネスを推進し、IP価値の最大化やライフサイクルの長期化を実現するためには、オペレーションモデルの変革が必要となります。

従来の映像、ゲーム、出版といった事業軸のオペレーション構造ではなく、IPを軸とした事業横断での戦略・企画、オペレーション、管理各層の機能が求められます。

戦略・企画に関しては、メディアミックス促進やメディア間のシナジー創出に関するものが含まれます。たとえば、特定メディアに閉じたIPを他事業に展開して、IP軸での事業が拡大できないなどの検討や、事業横断によるコラボレーション企画の検討を担います。

また、この横串機能の役割は、IPに関するポートフォリオや顧客の戦略・管理も含まれます。

たとえば、複数のIPを保有する企業においては、IPポートフォリオがバランスのとれたものとなっており、特定のIPのみに依存しすぎていないかのチェックをします。顧客戦略については、たとえば、IPファンが特定顧客層のみに偏っていないか、顧客層の拡大ができないかといった管理をします。

管理面においては、IPごとの売上・利益の管理・把握を担います。従来の事業ごとの管理ではなく、事業横断でのIPの売上・利益を把握することにより、IPビジネスのパフォーマンスの把握が可能となります。

● 従来のモデルとコンテンツIPビジネスのオペレーションモデル

Part
5

IPビジネス推進のための重要ポイント

■ 従来のオペレーションモデル

映画	ゲーム事業	出版事業	映画
□戦略・企画 □制作 □流通 □管理	□戦略・企画 □制作 □流通 □管理	□戦略・企画 □制作 □流通 □管理	□戦略・企画 □制作 □流通 □管理

(事業別のオペレーションの枠組み)

■ コンテンツIPビジネスに適したオペレーションモデル

IPマネジメント

IP戦略・企画

IPオペレーション

IP管理

映画	ゲーム事業	出版事業	映画
□戦略・企画 □制作 □流通 □管理	□戦略・企画 □制作 □流通 □管理	□戦略・企画 □制作 □流通 □管理	□戦略・企画 □制作 □流通 □管理

(IPの価値の最大化・ライフサイクルの長期化を
ミッションとするIP軸での事業横串の機能の設置)

まとめ	□ IPを軸に事業横断の戦略・企画、オペレーション、管理を □ 横串機能でIPのポートフォリオや顧客の戦略・管理も □ IPごとの売上・利益を管理してビジネスパフォーマンスを把握

038 THE BEGINNER'S GUIDE TO
INTELLECTUAL PROPERTY BUSINESS

IPビジネスへの転換による影響
オペレーションモデル②

● ゴジラビジネスに特化した組織「ゴジラルーム」の成功

　IPビジネスに適したオペレーションモデルとして、IP価値の最大化および継続的な成長・発展のための戦略立案と実行をミッションとする事業横断組織が必要と上述しましたが、成功例の一つに、東宝のゴジラルームがあります。

　ゴジラルームは、2014年に発足されたゴジラ戦略会議（ゴジコン）を発展させ、ゴジラのブランド管理とビジネス拡大を担うゴジラビジネスに特化した組織として2019年に設立されました。ゴジコンでは、各部門から兼務という形で集められた人員で構成されていましたが、ゴジラルームは専任の人員で構成されています。

　ゴジラルームでは、ブランド管理として、社内用にゴジラ憲章というゴジラのブランドを棄損させないための約束事や原則を明文化し、映像作品の製作からライセンスビジネスといった、ゴジラに関するすべてのビジネスを行う際の判断軸としています。

　また、ビジネスの拡大に向け、長期的な戦略を立案し、ゴジラファンの年齢層を下げる取り組みや映画作品以外でのタッチポイントを増やす取り組みなどを進めており、攻めと守りの両輪でバランスを取りながら、ゴジラというIPの成長を支えています。

　2024年に70周年を迎えた日本を代表するコンテンツIPの一つであるゴジラは、映像作品だけでなくグッズ販売でも国内にとどまらず、海外でも大きな市場を獲得していますが、それに大きく貢献したのが、このゴジラルームという組織の存在だといえるでしょう。

※参考文献　東宝グループ 統合報告書 2024　映画ナタリー「ゴジラのブランド管理とビジネスの発展を担う、
東宝「ゴジラルーム」とは何か」2024 年 5 月 1 日

● 事業横断組織「ゴジラルーム」のスキーム

ゴジラルーム

ゴジラのブランド管理とビジネス拡大を担う、

ゴジラビジネスの専任組織として2019年に設立

〈組織のミッション〉

ブランド管理

社内用に「ゴジラ憲章」という、ブランドの約束と原則の取り決めを策定し、禁止事項をルール化

ライセンスビジネスを行う際にゴジラ憲章を判断軸に企画内容を確認

ビジネス拡大

ゴジラのビジネスを拡大させるための長期戦略の立案

長期戦略に基づく具体的な施策の実行
（ファンの年齢層の引き下げや映画以外のタッチポイント増加など）

日本を代表するコンテンツの一つとして、国内外で映画だけでなくグッズ販売でも

大きな市場を形成

まとめ
- ☐ 事業横断ゴジラビジネスに特化したゴジラルームの設立
- ☐ 社内用のゴジラ憲章がゴジラに関するビジネスの判断軸
- ☐ 長期的な戦略で映像だけでなくグッズでも海外で市場を獲得

039 THE BEGINNER'S GUIDE TO INTELLECTUAL PROPERTY BUSINESS

IPビジネスへの転換による影響
人材

● 事業横断でマネジメントできるIPビジネス人材の要件

　事業横断でIPマネジメントを担当する人材の要件は、従来の事業別組織のそれとは異なってきます。

　まず、当然ではありますが、担当IPに関する**深い知識と興味・関心**が必要になります。IPとは数年から数十年という長い時間をかけて創造・育成するものであるため、担当IPに関する理解と今後時間をかけて育てていこうとする姿勢が必要になります。

　また、IPの中長期的な成長や価値向上というミッションを担うため、**IPの成長戦略などを作成する能力**が必要となります。メディアミックス、海外展開、市場・顧客といったさまざまな側面からの戦略立案スキルが必要とされます。

　知識・ナレッジ面においては、特定メディアのみではなく**メディア全体を幅広く理解**する必要があります。メディアミックスやメディア間のコラボレーションを推進するうえで、各メディアの特性を理解し、効果的な施策を立案していく力が必要になります。

　また、事業横断のテーマを扱うため、社内各部門、グループ会社や社外などの各ステークホルダーとの**調整・コミュニケーション能力**も必要となります。たとえば、特定部門に閉じたIPを事業横断的なIPに育てていくには、部門間の利害関係などを調整し、統合されたIP戦略への合意形成能力が必要とされます。

　このように、IPビジネス人材は、これまでの人材要件とは異なるという点を踏まえ、企業は人材採用・育成を進めることが必要となります。

● コンテンツIPビジネス人材の要件

主な人材要件	説明
IPに関する知識と興味	□ 担当IPに関する深い理解 □ 担当IPを時間をかけて育てていこうとする姿勢
戦略策定力	□ IPの中長期的な成長や価値向上を実現する成長戦略の策定能力 □ メディアミックス、海外展開、市場・顧客などさまざまな側面からの戦略立案スキル
メディア理解力	□ 特定メディアのみではなく、メディア全体を幅広く理解していること □ メディアミックスやメディア間のコラボレーションなど、各メディアの特性を理解した効果的な施策立案力
調整力コミュニケーション能力	□ 社内各部門、グループ会社や社外などの各ステークホルダーとの調整・コミュニケーション能力 □ 部門間の利害関係などを調整し、統合されたIP戦略について合意形成する力

まとめ
- [ ] IPに関する知識と興味・関心、メディア全体の幅広い理解力
- [ ] メディアミックス、海外展開など中長期的なIPの成長戦略を策定
- [ ] 社内外部門やステークホルダーとの調整能力が必要

Part 5 IPビジネス推進のための重要ポイント

040
THE BEGINNER'S GUIDE TO
INTELLECTUAL PROPERTY BUSINESS

コンテンツIPビジネス推進への
政府の支援

◉ 基幹産業としてのコンテンツIPビジネスを推し進めるものは何か

　コンテンツIPを活用したビジネスの注目度が高まり、日本政府が
コンテンツ産業を我が国における基幹産業の一つと位置づけるなか
で、政府による新たな支援も進められています。

　これまでも、官民ファンドによる投資やIPコンテンツと他産業な
どとのビジネスマッチングサイトの運営、独立行政法人による各国
の市場情報の提供、NPO法人によるコンテンツ制作やその海外展開
にかかる費用への補助金の交付などが行われてきました。昨今では、
日本のコンテンツ産業のさらなる成長に向けた国の施策についての
議論が活発に行われるなかで、競争力の源泉であるクリエイターへ
の支援にフォーカスが当てられています。

　2024年9月、内閣府はクリエイターやコンテンツ産業の関係者か
ら構成され、クリエイターの発掘・育成や海外展開支援を目的とし
た「コンテンツ産業官民協議会」と、日本の映画業界の振興を目的
として著名な映画監督や俳優も参加する「映画戦略企画委員会」を
合同開催するなどの取り組みが行われています。そこでは、クリエ
イターの労働環境などを含め現場目線での意見交換・議論も進めら
れています。一方で、近年コンテンツIPビジネスの成長が著しい韓
国では、政府機関である文化体育観光部が、国のコンテンツ産業を
管轄し、法整備や政策の立案と実行、金融支援などを担っています。
コンテンツ政策を内閣府・経済産業省・文化庁ほか複数の府省庁で
担っている日本でも、このような一元的な管理機関が必要という議
論も起こっています。

96

日本の基幹産業としてのコンテンツIPビジネス

これまでの主な支援

金融支援
- コンテンツ制作への**資金援助**（出資・補助金交付）
- 海外向けプロモーション活動への補助金交付
  - ・・・etc

非金融支援
- **国際見本市の開催**
- 他産業とのビジネスマッチングサイトの運営
- 他産業とのコラボレーションを支援する機構団体の設立/運営
- 各国の市場情報の提供
- 字幕・吹き替えなどのローカライズ支援
- 海賊版（侵害コンテンツ）対策
- 海外における**知的財産権の侵害調査**
  - ・・・etc

今後注力する支援

クリエイター支援
- **クリエイターの労働環境 取引環境の整備・改善**
- クリエイター育成のための教育機関の整備
- 留学支援
  - ・・・etc

まとめ
- ☐ 競争力の源泉であるクリエイターへの支援にフォーカス
- ☐ 官民が一体となりクリエイターの労働環境改善の検討が進められている
- ☐ 韓国の政府機関・文化体育観光部による一元管理に学ぶ

● Column

コンテンツIPビジネスで存在感ある総合商社

　本書の Part 4 でも、コンテンツ IP ビジネスに新たに参入するプレイヤーが登場していることを述べましたが、国内コンテンツ IP ビジネスが海外ビジネス拡大手段として注目されるなかで、近年総合商社が存在感を増しています。

　具体的には、ここ数年総合商社による SNS 発人気キャラクターのアジア地域での独占的商品化権取得、アニメ企画・製作および投資・販売を行う企業への出資、出版社とマンガ・アニメコンテンツの世界展開のための合弁会社設立、海外展開を視野に入れた大手芸能プロダクションとの業務提携といった取り組みが行われています。

　これまでも、広告代理店などと組んだアニメ制作会社設立、著名なコンテンツ IP のライツビジネス、映画の製作委員会への出資と総合商社はさまざまな形でコンテンツ IP ビジネスへ関与してきましたが、コンテンツ IP ビジネスの海外市場展開に本格的に参入をしたという印象があります。

　日本のコンテンツ IP ビジネスは、そのポテンシャルを考えるとまだまだ海外市場において伸びしろがあると考えられます。たとえば、海外において、日本のコンテンツ IP 関連商品の販売チャネルが十分に確立されていないため、海外で人気の日本のコンテンツ IP の非公式のグッズが出回るなど、海外での機会損失も発生しています。

　総合商社のビジネスモデルは日本独自のものといわれていますが、彼らの強みであるネットワークを使った海外販路開拓の強化など、日本のコンテンツ IP ビジネスのさらなる成長への貢献が期待されます。

THE BEGINNER'S GUIDE TO NEW NISA INVESTMENT METHODS

Part

6

IPビジネスを取り巻く
リスク環境

041 THE BEGINNER'S GUIDE TO
NEW NISA INVESTMENT METHODS

コンテンツIPビジネスの
リスク環境（PEST分析）

● 政治・経済・社会・技術の観点からリスク環境を分析する

　グローバル市場への展開が求められるなか、IPビジネスの推進には、リスクの正しい理解と対処が欠かせません。ここでは、「PEST」フレームワークに沿って、Politics（政治）、Economy（経済）、Society（社会）、Technology（技術）の観点から概観します。

　政治（P）の観点では、各国・地域の法規制動向が重要です。SNSなど、子どもを含む誰もがコンテンツにアクセスできる環境下で、青少年の保護・育成等の観点から社会的に有害である、と判断されるコンテンツに対する規制が強まっています。

　経済（E）の観点では、著作権などの権利処理の課題が山積しています。従来の「製作委員会方式」のビジネスモデルでは、利害関係者が多く、意思決定構造も複雑であるため、グローバル市場で要求されるタイムリーな意思決定が難しいといった課題が表れています。

　社会（S）については、多様性への配慮や、現地風習・宗教観、社会規範への適合といった、幅広い視聴者に受け入れられるコンテンツであることが、グローバル化に対応する際に重要となります。

　技術（T）に関しては、コンテンツ配信システムの進展など新たな技術や機能の登場を踏まえ、他社の知的財産への配慮の必要性が高まっている点には注意が必要です。また、倫理的な利用が求められるAI技術の適正な活用も大きな論点となります。

　IPビジネスを推進する企業はこれらのリスク要因を的確に把握し、対応を講じていくことが求められます。以降の節では、リスク環境について詳しく見ていきます。

IPビジネスのPEST分析

Part 6 IPビジネスを取り巻くリスク環境

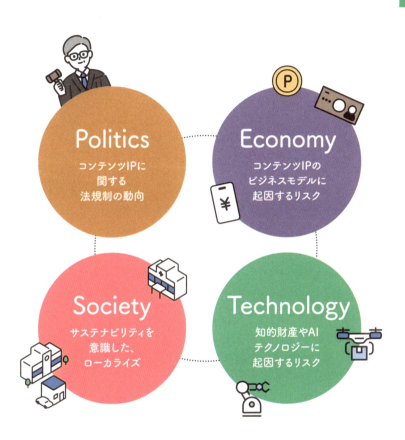

まとめ	☐ 政治(P)では各国の法規制動向、経済(E)では権利処理が課題
	☐ 社会(S)では多様性、現地風習・宗教観、社会規範への適合が重要
	☐ 技術(T)では他社の知的財産への配慮、AI技術の適正な活用

042
THE BEGINNER'S GUIDE TO
NEW NISA INVESTMENT METHODS

グローバルにおける規制動向
(Politics)

● 有害コンテンツは現地の法制やガイドラインに基づき判断

近年のSNSや動画配信プラットフォームの発展により、若年層がさまざまなコンテンツに触れる機会が増加しています。これに伴い、ポルノや暴力的な内容といった不適切なコンテンツに、子どもが接してしまうことによる悪影響などの懸念が社会的に高まっています。また、テロリズムやヘイトクライムなどが描写されたコンテンツも、社会における暴力や差別を助長するリスクが指摘されています。

このような社会的な懸念を背景に、第三者の権利侵害を含むなど従来より違法とされてきたコンテンツだけでなく、青少年の保護・育成の観点から有害とされるコンテンツについてのインターネット上の流通を規制する動きが、欧米を中心に強まっています。プラットフォーム運営企業に対し、規制対象コンテンツについてのユーザーからの苦情受付や削除対応などによりユーザーを保護する義務などを課している国もあります。また、スマートフォンのゲームアプリなどで見られる、いわゆる"ガチャ"は、過剰課金が問題となるケースがあります。プレイヤーの射幸心をあおるギャンブルであるとして、法で規制する国・地域も存在します。

IPビジネス企業は、各国・地域に配信するコンテンツについて、有害とされる内容を含まないかを、現地の法制やガイドラインなどに基づいて判断することが求められます。どこまでが「有害」な暴力シーンとなるかなどは曖昧なために判断が難しいケースも考えられます。現地エージェントとの協力などを通した現地慣習の理解など、ローカライズを含め、コンテンツのリスク対処が求められます。

● グローバルにおける各国・地域の規制動向（Politics）

Part 6 IPビジネスを取り巻くリスク環境

国・地域	法律名	時期	概要
EU	デジタルサービス法	2024年2月施行	巨大プラットフォーマーを念頭に、影響力の大きさを踏まえた事業者の義務（違法コンテンツの削除、苦情受付、説明責任・透明性確保等）を含む規制を定めている
英国	オンライン安全法	2023年10月成立	SNSなどのユーザー間サービスや、検索プラットフォームを提供する企業に対し、違法コンテンツに加え、子供に有害なコンテンツへの対応を含めた安全義務を課している
米国	子どもオンライン安全法	議会提出	未成年者保護を目的に、SNS企業に有害コンテンツ削除を求める法案。7割の州ではすでに州法が制定。ほかに、未成年者の性的な絵画・彫刻・生成画像を禁止するプロテクト法も存在する
中国	（検閲・規制）	—	日本発を含む海外作品の上映制限に加え、配信前の検閲を定めており、2010年代にも、暴力的であることなど「有害性」を理由に、著名な作品を含む30以上の日本アニメの配信が禁止に

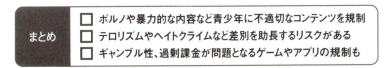

まとめ
- □ ポルノや暴力的な内容など青少年に不適切なコンテンツを規制
- □ テロリズムやヘイトクライムなど差別を助長するリスクがある
- □ ギャンブル性、過剰課金が問題となるゲームやアプリの規制も

043

THE BEGINNER'S GUIDE TO
NEW NISA INVESTMENT METHODS

固有のビジネスモデルから生じるリスク（Economy）

◎ 海外展開における製作委員会方式のメリットとデメリット

　映画上映のエンドロールで、「製作委員会」という言葉を目にしたことがある方も多いと思います。映画などの映像制作は、製作費が巨額であり、また興行収入も予測困難であるため、経営リスクの大きいビジネスです。このため、映画製作会社、テレビ局、広告代理店、出版社などでリスクを分担するために、各社が共同出資して収益の分配を受ける権利を共同保有するビジネスモデルが採られており、これを**「製作委員会方式」**と呼びます。

　製作委員会方式は、少ない出資で映像作品を制作できるメリットがある一方で、意見集約の難しさという点にデメリットがあります。著作物の権利は製作委員会が保有（出資者共同で保有）となることが一般的であるため、**スピードが要求される海外展開**において、**「製作委員会の合議に時間を要するために商機を逃す」**といった点が指摘されています。もう1つ、製作委員会方式のデメリットとして挙げられるのは、**ロイヤリティ配分業務の複雑化**です。製作委員会が映像作品の権利管理を一手に担うことが一般的です。地上波放送、配信、DVD、グッズ販売など、それぞれ異なる相手に、異なる権利の許諾を行い、ロイヤリティの回収と、出資比率に応じた出資者への配分を行うため、手続きにかかる工数は膨大になります。さらに、製作委員会が管理する著作物に、元となる作品（原著作物）が含まれる場合には、権利元に対する使用許諾などを求めることも必要になります。製作委員会のロイヤリティ配分業務や権利処理業務は、DX（デジタルトランスフォーメーション）化が進んでおらず、担当者が奔走しています。

● 国内の製作委員会方式から海外展開へ（Economy）

Part 6　IPビジネスを取り巻くリスク環境

■ ドラマ配信における関係者の例

まとめ	☐ 映像制作は巨額な製作費、予測困難な興行収入などリスク大
	☐ 製作委員会方式はスピードが要求される海外展開の商機を逃す
	☐ 製作委員会ではロイヤリティ配分や権利処理のDX化が望まれる

人権保護・多様性尊重の重要性（Society）

● IPビジネスでも人権や多様性への配慮が重要

　人権保護や多様性尊重の機運の高まりは世界で見られており、IPビジネスにおいても、例外ではありません。不朽の名作と呼ばれた作品が、奴隷制を肯定的に描いているなどの理由で、配信停止とされた事例が大きく取り上げられたこともありました。映画作品中に登場するジョークがアジア人差別を想起させるものであるとして批判され、上映中止を余儀なくされた例もあります。

　ストーリー上の表現だけでなく、配役などの構成面でも多様性を考慮すべきであるとの意見も見られます。特定の人種、性別や性指向に偏らない配役が意識され、実際に原作を実写映画化する際に、原作では白人として描かれていた主要登場人物について、黒人俳優を起用した例も見られます。

　また、身体的な障がいなど、コンテンツを鑑賞するうえでのハードルを有する視聴者でも作品をより楽しめるような工夫も期待されています。近年、映画館では視覚・聴覚障がいのある方を字幕や音声ガイドで支援する「バリアフリー上映」の展開が進んでいます。色覚多様性を有する方でもゲームを楽しみやすいように、色味を調整できる機能を搭載するケースも見られます。

　コンテンツ市場の広がりとともに顧客層も多様化しており、幅広い消費者がコンテンツに接するなかで、多様な意見が挙げられるようになったと考えられます。このような多様性への配慮については、コンテンツ企画時など製作の上流段階から考慮することが必要です。

● コンテンツ制作におけるサステナビリティの観点

多様性に配慮した
コンテンツ制作への
要請の高まり

まとめ	□ 人権保護や多様性尊重はIPビジネスにおいても例外ではない □ 視覚・聴覚障がいのある方を支援する「バリアフリー上映」 □ コンテンツ市場の広がりとともに多様化する顧客層を考慮

045 THE BEGINNER'S GUIDE TO
NEW NISA INVESTMENT METHODS

ローカライズにおいて考慮すべきリスク（Society）

● 海外展開先や題材となる地域の価値観への配慮が重要

　ある地域が実際のモデルとされる映画のグッズ展開において、登場人物のタトゥーを模した商品が、実在する先住民族の宗教観の冒涜であるとして、批判された事例があります。また、同性愛描写を含む映画がイスラム圏で上映禁止となったり、主人公が異世界へ転生するストーリーが現地の宗教観に悪影響であるとして配信禁止とされたアニメもあります。展開国の価値観にあわないコンテンツは現地に受容されず、予期せず事業機会を逃すリスクがあります。

　国や地域ごとの価値観に適合したコンテンツとするために、シーンのカットや表現の変更などの調整を行うことを「ローカライズ」といいます。喫煙の描写や暴力シーンのカットといったリスク対応だけでなく、各国で好まれる色彩や表現を取り入れるなど、コンテンツの価値を向上させる変更が積極的に行われています。

　ローカライズに成功しているIPには、現地の慣習理解とコンテンツへの取り込みへの労を惜しまない傾向が見られます。現地の文化などに精通したエージェントの活用に加え、現地を訪問し、現地ファンとのタッチポイントを設けるというケースも見られます。

　ローカライズには表現の変更がともなうため、原作者との丁寧なコミュニケーションも重要です。原作者に現地ファンと交流してもらうことでローカライズを円滑に進めたケースもあります。一方で、現地で好まれやすい色彩への変更を打診されながらも、原作者の意向を尊重し変更しなかった結果、世界観を守ることができ、成功につながったという事例もあります。

国や地域ごとの価値観に適合するための「ローカライズ」の視点

人権バイアス

- □ 配役における人種の偏り
- □ 殊更な差別表現
- □ バイアスに基づく描写
（女性らしさ、男性らしさなど）

宗教・文化慣習

- □ 宗教の揶揄や冒涜的表現
- □ 文化や歴史的背景
- □ 地域文化・慣習を踏まえた表現

ローカライズの視点

倫理

- □ 暴力・グロテスク・性的な表現
- □ 喫煙・飲酒・賭博などの表現
- □ 動物虐待などにつながる表現

アクセシビリティ

- □ 色覚多様性への配慮
- □ 見やすさを踏まえた、フォントの利用
- □ ユニバーサルデザインの導入

まとめ
- □ 展開国の価値観にあわないコンテンツは受容されない
- □ シーンのカットなど現地の慣習に適合するローカライズ
- □ ローカライズは原作者との丁寧なコミュニケーションを

Part 6　IPビジネスを取り巻くリスク環境

046
THE BEGINNER'S GUIDE TO
NEW NISA INVESTMENT METHODS

技術進化に伴い高まる
知的財産リスク（Technology）

● 新規技術・機能の採用には事前の調査・評価が重要

　IPビジネスの領域ではライブ配信や多様な課金方法など新たな技術の導入が進んでおり、今後も**VRやメタバースといったエマージングテクノロジーを活用した新たなユーザー体験が実現**されていく可能性もあります。新技術の採用に伴うリスクとして、他社が有する知的財産権への慎重な対応が求められます。

　米国や中国と比べて、日本では知的財産訴訟が少ないといわれていますが、**IPビジネス領域では特許などの訴訟が継続的に発生**しており、権利者の請求を認容する判決も複数出ています。たとえば、コメント機能付き動画配信サービスを提供する企業が、類似サービスを提供する他社を特許権侵害で提訴した事件においては、知的財産高等裁判所で特許権者の請求が認められ、侵害行為の中止、損害賠償金の支払いが命じられています。

　特許権以外でも、**著作権侵害が問題となる事例**もあります。米国では、他社が販売するゲーム機のエミュレーター（実機以外の環境でのプレイを可能にするソフトウェア）を提供する企業が、ゲーム機メーカーから著作権侵害により提訴された事件があります。エミュレーターの提供企業は、和解の条件としてエミュレーターの提供中止と和解金を支払う結果となりました。

　一度訴訟が起きると、必ずしも敗訴に至らなくとも、訴訟自体への対応のための弁護士費用や社内工数など、**経営に対し多大なコスト**がかかってしまいます。予期せぬ権利侵害を避けるにも、他社権利調査と侵害リスクの評価を、ビジネス開始前に行うことが重要です。

高まる知的財産リスクの事例

■ 近年の主な知財関連訴訟

事案	年	国	賠償額など
海賊版サイトでの作品の無断配信に対する**著作権侵害訴訟**	2024年	日本	17億円以上の損害賠償 ※著作権法違反による刑事罰は2021年に確定
ゲームエミュレーターに関するオープンソースの**著作権侵害訴訟**	2024年	米国	240万ドル（約3億6000万円）の損害賠償
育成シミュレーションゲームにおける**特許権侵害訴訟**	2023年	日本	40億円の損害賠償およびゲーム提供の差止め（係争中）
コメント機能付き動画配信サービスにおける**特許権侵害訴訟**	2022年	日本	1億1000万円の損害賠償および該当機能の削除
スマートフォン向けRPGゲームアプリにおける**特許権侵害訴訟**	2021年	日本	33億円で和解
キャラクターコスチュームを貸与する営業の**著作権侵害 不正競争行為訴訟**	2020年	日本	5000万円の損害賠償

Part 6　IPビジネスを取り巻くリスク環境

まとめ
- [ ] 新技術採用に伴い他社が有する知的財産権へ慎重な対応が必要
- [ ] 日本でもIPビジネス領域では特許などの訴訟が継続的に発生
- [ ] 訴訟になると、弁護士費用や社内工数など多大なコストがかかる

047 THE BEGINNER'S GUIDE TO NEW NISA INVESTMENT METHODS

AIリスク
(Technology)

◉ AIを取り巻くグローバルルールのウォッチングと適合が重要

　社会全体と同じく、コンテンツ業界でも働き方改革が叫ばれています。コンテンツの魅力向上や細部の作り込みといった、人にしかできない業務にフォーカスしていくためにも、生成AIなどのデジタル技術の活用による、単純な作業の効率化が望まれます。AI技術の適切な利活用には、注意が求められます。AI活用を拡大するうえで、どのようなリスクに留意が必要でしょうか。

　1つの指針として、「コンテンツ制作のための生成AI利活用ガイドブック」（経済産業省）が公表されています。たとえばアニメのキャラクターデザインに生成AIを活用する場合、既存の創作物などとの関係でトラブルを避けるために、生成されたAIコンテンツが他人の著作物や登録意匠・登録商標と同一・類似でないかを確認することなどが挙げられます。また、音声コンテンツにおいて無断で著名人の声を再現してしまうとパブリシティ権の侵害となるおそれがあるため、本人の許諾を得るなどの対応が求められます。

　欧州では、世界初となる包括的なAI規制である欧州AI規制法が施行され、社会に対するリスクの大きさに応じて事業者への義務が課されます（リスクベースアプローチ）。たとえば動画配信プラットフォームでユーザーに作品をリコメンドするAIシステムの場合、AIシステムとやり取りしていることをユーザーに通知するといった対応が必要になる場合があります（透明性の義務）。

　企業としては、このようなルール策定動向の継続的なウォッチとともに、組織としての対応方針の策定や対応の徹底が求められます。

● アニメ産業における活用シーンと留意点の概要
（コンテンツ制作のための生成AI利活用ガイドブックから一部抜粋）

Part 6

IP ビジネスを取り巻くリスク環境

	著作物の利用	意匠・商標等の利用	人の肖像の利用	人の声の利用
設定・ストーリーなどのアイデア出し	●			
脚本の記述	●			
キャラクターデザイン、テクスチャ、背景、オブジェクト、ロゴなどの生成	●	●	●	
絵コンテ、ムービーコンテの生成	●			
レイアウトの生成	●			
ラフ原画の生成	●			
中割りの生成	●			
線補正、線画への彩色	●			
美術設定、レイアウトから背景の生成	●			
CGモデル生成、リギング等の生成	●			
画像の自動認識＋特殊効果の生成	●			
翻訳・吹き替え、ローカライズ等	●			
キャラクター・登場人物のボイスの生成、アフレコの生成				●
BGMの生成	●			

● 権利侵害の可能性があり、留意が必要なシーン

● 権利侵害の可能性が相対的に低い、又は状況により権威侵害の可能性はないと考えられる活用シーン

まとめ	☐ AI技術の適切な活用による効率化が望まれる一方注意も ☐ 「コンテンツ制作のための生成AI利活用ガイドブック」が指針 ☐ 欧州では世界初の包括的なAI規制「欧州AI規制法」が施行

● Column

官民一体で推進。「新たなクールジャパン戦略」

　海外でも人気を博している日本のコンテンツ産業は、2022年の海外輸出額が4.7兆円と、鉄鋼産業に匹敵するビジネス規模となっています。日本国政府としてもさらなる成長を後押しするべく、「新たなクールジャパン戦略」を策定し、支援を進めています。

　基本的な方向性としては、「基幹産業として国際競争力を高める」（国際水準で競争力を確保するための業界構造の変革・就労環境の整備など）、「インテリジェンス機能強化」（世界各国・地域に適した発信についての調査分析、現地プレイヤーとの連携による戦略的な広報の実施など）、などが挙げられています。また、「分野間連携と発信強化」として、アニメや漫画などのコンテンツと、日本食やインバウンドの相乗効果も期待されています。

　コンテンツ領域における具体的な取り組みとしては、日本発のコンテンツの海外市場規模を2033年までに20兆円とする目標値を設定し、KPIとなるデータの整備を行うこと、海外のマーケティング情報の収集・共有化、海外の現地プレイヤーなどとのマッチング機能の強化、外部からの資金調達の促進（海外へのビジネス展開力強化）などが挙げられています。海外展開に際しては、プラットフォーマーや現地の事業者に各種権利を一括して譲渡や独占許諾するのではなく、映像化や商品化などIPの多面的な展開ができるような契約の締結が望ましく、そのためのサポート体制の重要性も指摘されています。

　IPビジネス企業は、このような国としての戦略を踏まえ、支援制度などを活用しながら事業推進を図ることが期待されます。

THE BEGINNER'S GUIDE TO INTELLECTUAL PROPERTY BUSINESS

Part

7

IPのガバナンスの強化
—— 保護とリスク回避

IPガバナンスの全体像

● IPビジネス推進のための攻めと守りのガバナンス

　IPビジネスは、収益化の推進とリスク回避の両軸を平行して進める必要があるため、そのガバナンスも攻めと守りの両面のバランスが必要になります。

　攻めの観点では、権利活用による収益化を図るべく、IPの市場認知度を高めつつマネタイズを図る戦略策定（Part 8）だけでなく、保有しているが現在使用されていない休眠IPを可視化し、それらを特性に応じてカテゴライズし、市場に再投入できないかを検討するといった、活用基盤の整備も重要です。こうしたIPビジネスの推進には、知財部門など、事業部門以外の専門性が高い部門の積極的な関与によるIP戦略の立案・推進と、それらの経営層による関与が収益化の可能性を高めるうえで重要なポイントになります。

　守りの観点では、適切な利用許諾を得ないことで起こる他社IPの権利侵害などの自社起因リスクと、自社のIPを第三者に侵害されることにより、コンテンツの世界観（本来ありえないシーンを描いた模倣品は、世界観をゆがめ、原作者の意思にも反する）の毀損や販売機会の喪失を生じさせる他社起因リスク、の2つのリスク側面に適切に対応するための体制、ガバナンス、プロセス整備が求められます。そして、リスク対応の局面において、経営報告が重要であり、ビジネスリスクや市場リスクを踏まえリスク評価を行うために事業部と知財・法務部門等の連携が欠かせません。

　攻め・守りのいずれの観点においても、経営の関与と部門間の協力体制がIPビジネス推進のキーワードになります。

● IPガバナンスの全体像

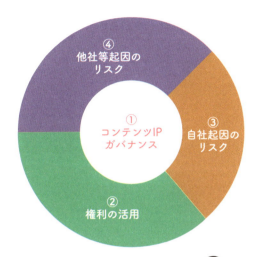

①コンテンツIPガバナンス

☐ 経営トップの関与
☐ 知財・法務部門との連携

② 権利の活用

☐ オープン・クローズ戦略による権利の活用
☐ 権利の包括的管理による活用基盤整備

③ 自社起因のリスク

☐ 他社コンテンツIPの侵害（2次利用違反を含む）
☐ 違法・有害コンテンツ等の法規制への配慮不足

④ 他社などの起因のリスク

☐ 第三者による自社コンテンツIPの侵害
☐ 模倣品・盗作・盗用のリスク

まとめ	☐ 攻めの観点では休眠IPを可視化し市場に再投入を検討する ☐ 守りの観点では③自社起因リスク④他社起因リスクに適切に対応 ☐ 経営の関与、事業部、知財・法務部門などの協力体制が不可欠

049

THE BEGINNER'S GUIDE TO
INTELLECTUAL PROPERTY BUSINESS

IPガバナンスの推進体制①

経営層を頂点とするガバナンスの仕組み

　企業のなかには、IP活用をコンテンツ制作の責任者に一任するケースが見受けられます。この方法は、コンテンツの世界観の統一に効果的である一方、コンテンツ制作者の意向が反映されすぎると、IPごとの取り組みがサイロ化し、会社全体の収益最適化が図りにくくなる点が課題です。こうした課題には、**経営トップの関与による監督・支援が効果的**です。コンテンツ企業にとってIP投資から活用・収益化への戦略は経営戦略そのものともいえる重要な要素であるため、経営によるガバナンスが求められるのです。

　経営ガバナンスによる仕組みづくりにもっとも重要なことは**経営報告ルートの構築**です。IPごとに、どういった戦略を採っているのか、現状どの市場で売り上げているのか、ライセンスによる売り上げはどの程度かなど、経営報告機会を設けることで、IP横断でのテコ入れや、自社IP同士のコラボレーションなどを経営層が判断、助言できるようになります。

　また、**IPごとの推進計画の策定と報告**も有効です。各IPの主要市場での取り組みやライセンスによる収益化、メディアミックスへの取り組みなどをロードマップ化し、その進捗を経営報告するだけでなく、部門横断的に共有することで、先行する他のIPの助言を得るなど、社内でのコラボレーション機会につながりやすくなります。

　日本のコンテンツ産業は、グローバル展開のナレッジが弱点と指摘されています。経営層を頂点としたガバナンス強化が、IPビジネス推進のための、攻めのガバナンスの実現を可能にします。

IPガバナンスの推進体制構築のポイント

経営報告ルートの構築

IPごとの戦略・収益状況の
報告の実施

経営層の対応
☐ IP横断でのテコ入れ策
☐ 自社IP同士のコラボレーション促進　など

IPごとの推進計画の策定・報告

ロードマップの
策定・報告

部門横断での進捗共有を通じた
ノウハウ横展開

まとめ
- ☐ 経営報告ルート構築で、IP横断での現状を経営層が判断
- ☐ IPごとの推進計画の策定報告も有効。部門横断的に共有する
- ☐ 日本のコンテンツ産業は、グローバル展開のナレッジが弱点

Part 7　IPのガバナンスの強化——保護とリスク回避

050

THE BEGINNER'S GUIDE TO INTELLECTUAL PROPERTY BUSINESS

IPガバナンスの推進体制②

ビジネス成功のカギとなる、組織間連携

　IPビジネスにおけるリスク回避と活用の両面を担うことができる存在として、**知財・法務の活躍は特に重要**です。知的財産権管理、侵害リスク低減、戦略的な知財活用、ライセンスイン・アウトなど、権利関係・契約法務に精通した専門性の確保が求められるためです。

　もっとも、これまでの知財部門は、コンテンツの制作過程で発生した都度、必要性を判断し特許や商標の権利化を行う業務が主流でした。契約を担う法務部門も同様で、ライセンス態様や条件が決まってから契約書に落とし込む業務が主となっており、やや受け身的な業務スタイルといえました。しかし、これまでも見てきた通り、IPビジネスを優位に進めるためには、**知的財産権やライセンス契約に関するナレッジが極めて有効**です。これまでよりも先回りした能動的な業務への変革として、コンテンツの制作に入る前段階の、いわゆる企画・検討のフェーズにおいて知財部門や法務部門が関与し、グローバルリスクやメディアミックス、IPライセンスを見越した、IP戦略の立案・実行をサポートすることが考えられます。このような取り組みが、IPビジネスの収益化の成功確率を上げることにつながります。

　こうした連携推進に向けては、**知財・法務部門側がビジネスへの深い理解**を行うことや、**事業部門側がIP戦略・IP管理の重要性**を理解するための**教育・周知**などの活動も必要になります。さらには、経営層へIP戦略を含めた方向性を報告し、経営層の判断・助言を得ることで、攻めのガバナンスを実現することも重要です。

● 知財・法務部門と事業部門との連携

管理部門の役割

- □ コンテンツIPの権利化戦略、防衛戦略の立案
- □ 権利に基づく戦略的活用に向けたナレッジ
- □ 課金、ガチャなどにかかわるグローバルコンプライアンスリスク
- □ メディアミックスを前提とした法務戦略・ライセンス
- □ 移転価格税制等への対応

事業部門の役割

- □ コンテンツIPのビジネス戦略・企画
- □ IP活用のグローバル戦略
- □ デジタルドリブンによる企画・実行の推進
- □ メディアミックスによる自社コンテンツの活用推進

まとめ	□ IPビジネスのリスク回避と活用の両面を担う知財・法務の重要性 □ 企画・検討のフェーズから知財部門や法務部門のサポートが鍵 □ 連携推進に向けて知財・法務部門、事業部門双方の理解が必要

051

THE BEGINNER'S GUIDE TO
INTELLECTUAL PROPERTY BUSINESS

権利活用に向けた取り組み①

● 休眠IPを活用する

　IPビジネスの推進に向けては、自社IPを効果的に活用し、収益化を図ることが重要です。ここでは、保有しているが活用しきれていない、いわゆる**休眠IPの収益化**に焦点を当てます。

　コンテンツ企業には、かつて流行したが今は下火になっているIPや、当時の事業戦略上、市場に出ることがないままとなったIPなど、いわゆる休眠IPが散見されます。こうした、有力ではあるが活用できていないIPは、コンテンツが本来有する強みを分析し、投入する市場を見直すとともに、新たな市場に必要な知的財産権確保を行うことで、再度成功するケースも見受けられます。

　まず、コンテンツの強み分析は、その**コンテンツが持つ提供価値を軸に整理**することが有効です。ストーリーの面白さ、キャラクター自体の独自性、映像美を含めた世界観、ユーザー間のネットワークなど提供価値を軸に、その**コンテンツが優位に展開できる市場**がゲームなのか、アニメなのか、グッズや興業なのかなどを見極めます。そのうえで、新たな市場にあわせて商標の指定商品・役務の見直しなど、**ライセンスアウト**も視野に知財確保を行うことで、休眠IPの収益化を図ることが考えられます。

　こうした休眠IPの活用は収益化までの論点が多く、事業部門だけでなく、知財部門や法務部門、財務部門との連携も不可欠になります。そのために、部門間のシームレスな連携を図るために、部門間の横串をさすマーケティング部門の新設や、**横断プロジェクト**の組成などを行う動きも見られます。

● 休眠IP活用の進め方

休眠IPの強み分析

コンテンツの提供価値を軸にした整理

☐ ストーリーの面白さ
☐ キャラクター自体の独自性
☐ 映像美を含めた世界観
☐ ユーザー間のネットワーク　など

ターゲット市場の設定

コンテンツの提供価値を生かして優位に展開できる市場

☐ ゲーム
☐ アニメ
☐ グッズ
☐ 興業　など

事業展開基盤の整備

知財権の整備

☐ 展開先市場・ライセンス先などを考慮した、商標の指定商品・役務の見直し　など

組織体制の整備

☐ 事業部門と、知財・法務・財務など関連部門との連携強化
☐ 横串でのマーケティング部門新設
☐ 横断プロジェクトの組成
☐ ジョブローテーション　など

Part 7　IPのガバナンスの強化──保護とリスク回避

まとめ
☐ コンテンツが持つ提供価値を整理、休眠IPの強みを分析
☐ 休眠IPが展開できる市場の見極め
☐ 休眠IPは収益化まで論点が多く、知財などとの連携も不可欠

052

THE BEGINNER'S GUIDE TO
INTELLECTUAL PROPERTY BUSINESS

権利活用に向けた取り組み②

ライセンスによるIP活用の最適化

IPと顧客との接点が失われると魅力が忘れ去られ、ファンが離れてしまいます。他方、多くの資金を必要とする映像化やゲーム開発、物販を継続することには限度があります。こうした場合に、**IPのライセンスは収益化と市場接点の確保の両面で有効**です。

一定の人気が見込まれるコンテンツにおいては、**IPの一部のみをライセンスする方法**が有効です。たとえば、映画コンテンツのIPのうち、グッズなどの商品化やゲーム化に関する権利のみをライセンスすることで、原作の世界観を守りながらグローバルでの収益化と市場接点の創出を図ることが可能になります。

他方、アニメの海外展開などでは、広告代理店や仲介業者を介してライセンスが行われるケースが多く、そうした場合には、IPを丸ごとライセンスするケースも見受けられます。ライセンスを受けた現地企業がローカライズしやすいメリットがある一方で、IPが有効活用されないまま放置されるケースもあり課題視されています。

また、**過去作品を複数まとめてライセンス**するケースも考えられます。ライセンスを行う権利者にとっては、休眠IPをマネタイズする一つの機会となり、ライセンスを受ける側は、保有作品数を増やし、多様な顧客にアプローチできる機会となり得ます。

IPのライセンス化には、経営層を巻き込んだ戦略的な判断が要求されます。そのためにも、IPごとに会計管理を行うなど、どのIPがどの市場でどれだけ投資回収に寄与しているかを可視化し、**正しい経営判断につなげる**ことも重要です。

● コンテンツIPの権利活用を最適化するライセンスの方法

Part 7 IPのガバナンスの強化──保護とリスク回避

作品単位でのライセンス

- **IPの一部のみをライセンス**
  例）映画コンテンツのIPのうち、グッズなどの商品化やゲーム化に関する権利のみをライセンス　など

- **IP全体のライセンス**
  例）国内の広告代理店や海外の仲介業者を介してライセンスが行われるケース　など

過去作品を複数まとめてライセンス
コンテンツ配信プラットフォーム向けのライセンス　など

まとめ
- ☐ 顧客接点の確保によるブランド力の維持
- ☐ IPの一部のみをライセンスする方法で市場接点の創出
- ☐ 過去作品を複数まとめてライセンスして休眠IPもマネタイズ

053 THE BEGINNER'S GUIDE TO
INTELLECTUAL PROPERTY BUSINESS

自社起因リスクの
低減に向けた取り組み

◎ 組織の価値観や仕組み化によるリスク低減

　IPビジネスでは、「攻め」(収益拡大) の取り組みに加えて、「守り」
(リスクマネジメント) も必要です。自社起因リスクのなかでも
特に注意が必要なものとして、知的財産権侵害が挙げられます。知
的財産侵害を防ぐためには、自社コンテンツに他社IPが含まれてい
ないか調査・確認し、必要に応じて権利者を見つけ出して許諾を取
得し、契約締結のうえ、ロイヤリティを支払う必要があります。

　取り組みの出発点としては、他社の知的財産の尊重を組織の基本
的な価値観に組み込むことが挙げられます。たとえば、経営トップ
のコミットメントとして社内外に発信したり、組織の行動規範に記
載して従業員への浸透を図ったりする取り組みが挙げられます。

　また、他社IPへの対応をマネジメント上の仕組み化することも有
効です。新規作品を企画・制作する際に、他社の知的財産の使用や
許諾の計画や実行状況を、経営会議等の場でレビューすることをル
ール化・プロセス化しておくことで実効性を向上できます。

　複雑なIPリスクに効果的に対処するためには、コンテンツの企画
段階(制作に入る前)から、グローバル展開を見越したリスク評
価を行うことも重要です。たとえば、国内での映画作品の企画時に
原作者と権利調整を行うフェーズで、海外ローカル版など将来の事
業展開の可能性も構想しておくことで、多面的な権利許諾の交渉を
行うことができ、都度の権利処理負荷を軽減することができます。
このような観点も企画段階のレビュー観点として組み込むことが望
まれます。

● グローバル市場へのライセンスを見越したリスク評価と企画・制作

Part 7

IPのガバナンスの強化 ── 保護とリスク回避

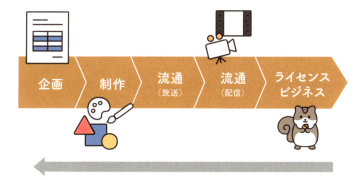

アセスメントの観点例

- ●2次・3次利用への制約の調整
- ●特許・商標などの侵害調査
- ●他社コンテンツIPへの依拠・類似の可能性
- ●ライセンス予定国の文化・慣習・宗教観を踏まえた「有害性」の有無
- ●ローカライズに向けた表現変更の原作者との同意取得
  （著作者人格権の調整を含む）

まとめ	☐ 知的財産侵害リスクへの対応が重要 ☐ 他社IPへの対応をマネジメント上の仕組み化する ☐ グローバル展開を見据えた先回りしたリスク評価を

054 THE BEGINNER'S GUIDE TO
INTELLECTUAL PROPERTY BUSINESS

他社起因リスクへの対応

◎ 知的財産の侵害、模倣品から自社IPを守る

　自社IPの認知度や人気が高まるにつれて、他社による無断使用や模倣の可能性も高まります。グローバル市場に流通する模倣品は、インターネット上の流通を除いても50兆円を超えており、**世界の貿易額の2.5％程度**を占めているといわれています（特許庁「海外展開における模倣品対策の現状と課題」（2022年））。こうした知的財産の侵害は、ライセンス収益機会を喪失させ、自社IPの持つ世界観をも脅威にさらすため、対策が必要です。模倣品対応におけるガバナンス構築として大きくは以下の3つのステップが考えられます。

　1つ目は**ブランドポリシー**の策定です。正規品と模倣品を区別するために、商標の利用態様や使用方法を明確化し、事業戦略に即したブランド保護ポリシーとして策定するとともに取引先にも遵守させます。その前提となる商標権の適切な取得についても確実に実行できるよう、業務プロセスに組み込むことが不可欠です。

　2つ目は、**模倣品の監視**です。事業部門と知財部門・法務部門で連携し、必要に応じ外部調査会社も活用して市場での模倣品の流通状況を把握する体制を構築します。取締役会などの経営会議体でも模倣品の流通状況について報告を行うことが望まれます。

　最後に、模倣品を放置せず、**警告書の発行や利用停止措置**などを徹底することも、模倣品への厳しい態度を示すうえで有効です。近年は、出版社合同で違法サイトを提訴し勝訴するなど、業界を挙げた取り組みも増えてきています。模倣品の監視や排除の状況については、取締役会などの経営会議体でも報告を行うことが望まれます。

● 模倣品から自社IPを守る3つのプロセス

Part 7 IPのガバナンスの強化——保護とリスク回避

ブランド維持ポリシー	モニタリング	模倣品への対処

権利関係の管理	模倣の監視	模倣品排除
取得したIPに沿った正確な利用	ポリシーに沿った利用状況の監視	警告書の発行、利用停止
禁止する利用態様・方法の明確化	模倣品との区別化を図る対応 （ホログラム、対策ページ）	訴訟などの法的措置
自社のポリシーの周知		ゼロトレランスの徹底

まとめ
- ☐ ブランドポリシーを策定し、取引先にも遵守を要請
- ☐ 模倣品の監視体制による流通把握
- ☐ 模倣品へ厳しい態度を表明

● Column

投資プロジェクトとしてのIP開発のガバナンス

　IP ビジネス企業には、魅力的なコンテンツの開発やその普及に加えて、事業活動を持続可能とするために、IP 開発を投資案件として捉え、中長期的なリターンを最大化する投資家目線も求められます。特にコンテンツ業界の特徴でもある**収益化リスク（販売規模の予測困難性）**への対処は重要です。以下では、IP 開発のROI（投資対効果）の改善やリスク低減の観点での経営の仕組みを概観します。

　まず、IP ビジネスで多く見られる、**シリーズ展開・メディアミックス・ライセンス**といった事業モデルは、すでに認知度の高い IP の横展開により、制作コストを下げ、リターンを確保する戦略といえます。近年は、海外企業と提携し、IP を持ち寄って共同制作を行う事例も見受けられます。

　また、IP 開発資金の調達の観点では、**制作費用を一般消費者などから調達するクラウドファンディングの活用**も広がっています。資金調達状況からユーザーの需要を推察できること、リリース前からのプロモーションが可能であることといった、マーケティング上のメリットも見込まれます。

　最後に、限られた投資原資の最適配分のために、投資案件全体をポートフォリオとして俯瞰することも重要です。たとえば、市場の安定性と収益性の 2 軸で自社 IP 群をプロットし、経営戦略に即した投資配分の策定や開発計画への落とし込みにつなげるなど、マクロの視点から、IP が自社の企業価値向上にどのように貢献するかを可視化し、評価することも有効です。

THE BEGINNER'S GUIDE TO INTELLECTUAL PROPERTY BUSINESS

Part

8

IPビジネスに有効な
戦略と活用

055

THE BEGINNER'S GUIDE TO
INTELLECTUAL PROPERTY BUSINESS

オープン・クローズ戦略

◉ IPを活かして、市場を広げ、マネタイズを図る

　IP保有企業が、ユーザーに対し、キャラクターや作品の一部を**無償・無許諾**で利用することを認めるケースが、多く見られるようになってきました。これは、SNSの発達を背景に、多くのユーザーにIPを利用してもらうことで、ユーザーとの接点を増やし、市場拡大を目指す目的があります。IPの知名度を上げ、ファン層を広げることで、関連作品の販売（有償）を優位に進める戦略ともいえます。

　このように、積極的にマーケットに利活用を促す（オープン）戦略と、IPを囲い込み有償利用を念頭とする（クローズ）戦略を組み合わせて、市場拡大とマネタイズの両方を達成しようとする考え方を**オープン・クローズ戦略**といいます。オープン・クローズ戦略は、知的財産戦略の一つとして、特許活用を念頭に説明されることも多くありますが、コンテンツビジネスにおいても有効な戦略となります。

　オープン戦略には、無償利用を念頭においた、IPの解放以外に、**積極的な他IPとのコラボレーション**も考えられます。近年は、人気キャラクターとゲームのコラボレーションなど、ゲームアプリなどでもよく見られるようになりました。今後は、成功しているIPとのコラボで、懐かしいが最近見かけないIP（いわゆる休眠IP）を活用したオープン戦略による収益化が増加することも予想されます。

　クローズ戦略においては、有償利用だけでなく、自社のみで独占し、他社にはできないサービスとして差別化を図る選択もあり得ます。独占利用は、IPが持つ人気に加え、**強固な知的財産の権利保護**が前提となるため、後述の知財ミックス戦略も重要になるのです。

オープン・クローズ戦略

Part 8 IPビジネスに有効な戦略と活用

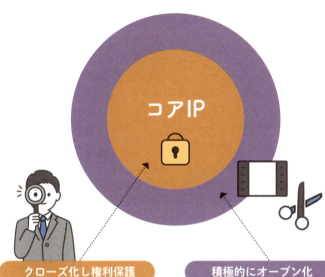

クローズ化し権利保護	積極的にオープン化
知財ミックスによる **徹底した権利化**	映像作品の一部写真を **フリー素材として提供**
利用態様・利用方法の マネジメント	漫画など、コンテンツごと フリー素材として公開
（ コンテンツIPの価値の 維持・向上 ）	（ SNSでの拡散などによる、 マーケティング効果 ）

まとめ
- ☐ 作品の一部をユーザーに無償で利用を認め市場拡大
- ☐ **IPの解放以外に、積極的な他IPとのコラボレーション**
- ☐ クローズ戦略も取り入れ、自社独占し、他社と差別化

056 THE BEGINNER'S GUIDE TO INTELLECTUAL PROPERTY BUSINESS

知財ミックス戦略

◉ 複数の知的財産権で、強固な権利保護を図る

　メタバース・クロスリアリティ（XR）を例に、「知財ミックス戦略」を考えてみます。メタバース・XRでは、デジタルデータとして復元された現実の街や社会と、オリジナルの世界観が融合した独自の世界観として表現されています。この世界観を基礎づけるプログラムコードは著作物として保護されます。現実と見まがう美しいデジタル技術は「特許」として保護され得るものです。また、画面デザインを「意匠登録」することも考えられます。さらに、メタバース・XR上に登場するアバターも著作物となる可能性があるだけでなく、アバターのキャラクターを「商標」として登録することもできます。

　一つのコンテンツに複数の知的財産が関連する場合に、複数の知的財産権を確保・保有し、強固な権利保護を図る戦略を「知財ミックス戦略」といいます。たとえば、著作権は、意図せず類似した相手に対しては侵害を主張できませんが、特許権の場合には、他社の技術と知らずに侵害した相手にも主張できるため、著作権に加え特許権で保護することは、マネタイズを図る局面において有効な場合があります。また、特許権は、出願から20年で存続期間満了を迎えますが、商標権は更新を続けることができるため、この違いを活かし、市場への参入初期は特許によって他社への参入障壁を築き、その間に、商標権で保護しながら市場でのブランド力を構築する知財ミックス戦略も考えられます。特許切れにより、技術的な参入障壁が失われたのちは、構築されたブランド力を、商標権を更新しながら維持し続けることで、競争優位を長く維持する戦略です。

知財ミックス戦略のしくみ

著作物

キャラクター名	グッズ販売やアプリ活用を見越した **商標の登録** （指定商品・サービスの拡大）
ゲーム化 VR活用	プログラムや技術的特徴の **特許出願**
デザイン	ぬいぐるみ意匠や関連グッズの **意匠出願**
グローバル出願	国際出願制度を利用した **効率的な出願**

まとめ
- ☐ メタバース・XRでは著作、特許、意匠、商標での保護が可能
- ☐ 複数の知的財産権で強固に権利保護を図る知財ミックス戦略
- ☐ 知財ミックス戦略は、競争優位の維持にも役立つ

057
THE BEGINNER'S GUIDE TO
INTELLECTUAL PROPERTY BUSINESS

ビジネス戦略としてのライセンス

◉ メディアミックスの裏で行われているライセンス交渉

　特定の配信プラットフォームで**独占配信**される映画やドラマがあり、新たに申し込みをするか迷った、という経験を持つ人も多いでしょう。作品の独占配信は、制作側がライセンス契約交渉を有利に進めようと、独占実施の許諾を行った結果です。制作側からすると、独占配信は利用者が限定されるというデメリットがある一方で、受け取るロイヤリティが高くなる傾向にあり、配信プラットフォーム側も自社独占配信としてプロモーションを行う傾向があるなど、制作者側にもメリットが大きいことが一般的です。多くの独占配信作品は、一定の契約期間満了後は、非独占配信作品として、ほかの配信プラットフォームでも見ることができるようになります。

　ライセンス契約においては、ライセンス対象を**戦略的に限定**することも重要です。映像化や配信の権利を他者にライセンスする場合でも、グッズ販売などの商品化に関する権利まではライセンスせず自社販売を行ったり、海外などでのグッズ展開に長けた専門企業にライセンスを行ったりすることで、高い利益率と顧客接点の増加を図ることが行われるケースはよくみられます。

　こうした柔軟なIP活用を行うためには、IPを生み出した**原作者との協力関係が必須**です。IP展開に成功した多くの企業では、原作者との密なコミュニケーションが図られており、原作者が納得する形での**幅広い利用契約（包括許諾契約等）**が事前に締結されています。このように、IPビジネス推進の裏では、原作者との信頼関係を踏まえた、戦略的なライセンス交渉が行われているのです。

● チャネル戦略とライセンス対象戦略

■ チャネル戦略(ライセンス先の選定)

	独占実施許諾	独占実施許諾
リーチできるユーザーの範囲	有償プラットフォームの契約者のみ視聴可能など、リーチは限定的	相対的に広い
ロイヤリティ収入	独占契約のため契約交渉上有利	相対的に不利
プロモーション	配信プラットフォームなどでプロモーションを行うインセンティブがある	チャネル側でのプロモーションは相対的に弱い

◀·········· 戦略に応じて設計 ··········▶

■ ライセンス対象の設計例

	自社が商品化に関与する場合	自社は作品化にフォーカス
映像化・配信	ライセンス対象	ライセンス対象外
商品化	ライセンス対象外(自社にてグッズ販売を実施)	ライセンス対象(現地の知見のある専門企業に任せる)

◀·········· 戦略に応じて設計 ··········▶

まとめ	□ 独占配信はロイヤリティが高くなる傾向に □ ライセンス対象を戦略的に限定するのも重要 □ 柔軟なIP活用には、IPを生んだ原作者との協力関係が必須

058 THE BEGINNER'S GUIDE TO INTELLECTUAL PROPERTY BUSINESS

ブランド戦略に活かす知的財産

● ブランドを守る知的財産の力

　知的財産が、コンテンツのブランド保護に貢献することは、これまでも触れてきました。知的財産とブランド戦略の関係性を、知的財産権が新たにブランドを構築する側面と、知的財産権がすでにあるブランドを維持する側面の2つの観点から深堀りします。

　1つ目は、知的財産権を保有していること自体が、ブランド構築の源泉となる点です。知的財産権には、その領域における独占権があるため、他社にはマネできない「本物」のコンテンツとしての差別化を図ることができます。企業が、商品に登録商標の®マークを付けたり、「特許番号」を掲載したりするのは、こうした狙いもあるのです。実際に、特許表示がある場合に、その企業のブランドイメージが向上するという調査結果もあります。

　2つ目は、知的財産権が、すでに蓄積された信頼やブランドを維持する点です。知的財産権のなかでも特にブランドと関係が深い商標権は、他者の無断使用や模倣を許さない禁止権という効果を持ちます。たとえば、著名なアニメキャラクターの名前などは、名前を聞くだけで、「声」や「セリフ」、「性格」などが連想できます。こうした、蓄積されたブランドを商標権で保護することで、同じ名称だけでなく、類似している名称も、他者が無断で使用したり、出願・登録したりできないようにするのです。

　知的財産は、「本物」としての価値を高める効果と、他者の「模倣」を防ぐ効果の2つによって、ブランドの構築・維持に大きな影響を与えます。

● ブランドを構築維持する知的財産権

Part 8 IPビジネスに有効な戦略と活用

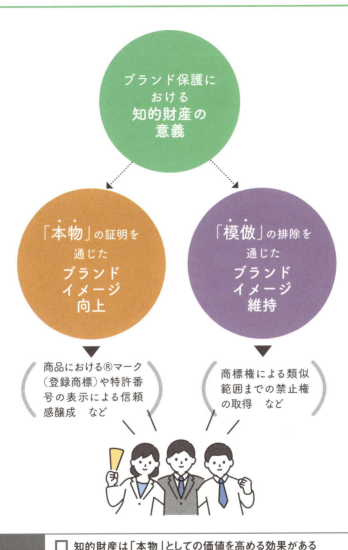

| まとめ | ☐ 知的財産は「本物」としての価値を高める効果がある
☐ 知的財産権を保有していることが、ブランド構築の源泉となる
☐ 特許番号や登録商標の®マークによる差別化 |

索引

記号・数字・アルファベット

®マーク	34,139
2次流通	16
2次利用	10,40,117
AAAタイトル	20
AI	38,100,112
AIリスク	112
CG	20,113
IPビジネス人材	94
IPオーナー	86
IP開発	130
IPガバナンス	116,118,120
IP管理代行	82
IPコラボレーション	78
IP数	22
IPプロデュース	76,82,121
IPマネジメント	94
IPランキング	14
JETRO	36
M&A	88
PCT	36
PEST分析	100
ROI	130
SNS運用	76
VFX	20,56
VR	110,135
VR(仮想現実)システム	30
XR(クロスリアリティ)	134

あ行

アメリカンコミック	86
アンパンマン	14
イカゲーム	54
意匠権	32

意匠権制度	33
意匠登録	32,134
映画戦略企画委員会	96
営業利益率	22
エージェンシー	66
エマージングテクノロジー	110
欧州AI規制法	112
オープン・クローズ戦略	117,132
推し活	70,84
推し活グッズ	84
音商標	34
オンライン安全法	103

か行

海外売上比率	23
合併・買収	88
キャラクターコンセプトルーム	68
休眠IP	116,122,124,132
禁止権	138
クールジャパン戦略	18,114
クマのプーさん	14
クリエイター	26,28,76,80,86,96
クレヨンしんちゃん	72
グローバル・インターネット配信	16,52
グローバル化	42,49,56,82,100
グローバル市場	100
グローバル動画配信事業者	56
クロスオーバー	62,64
クロスプラットフォーム	52
ゲームシステム	30
ゲームスタジオ	88
原作者	26,46,108,126,136
権利処理	28,40,57,100,104,126
権利侵害リスク	39
公衆送信権	24

顧客セグメント ‥‥‥‥‥‥‥‥‥‥‥‥42,48
顧客セグメント戦略 ‥‥‥‥‥‥‥‥‥‥‥ 42
国際見本市 ‥‥‥‥‥‥‥‥‥‥‥‥‥‥‥ 97
後日譚 ‥‥‥‥‥‥‥‥‥‥‥‥‥‥‥‥‥ 62
ゴジラ憲章 ‥‥‥‥‥‥‥‥‥‥‥‥‥‥‥ 92
ゴジラルーム ‥‥‥‥‥‥‥‥‥‥‥‥‥‥ 92
コト消費 ‥‥‥‥‥‥‥‥‥‥‥‥‥‥‥‥ 68
子どもオンライン安全法 ‥‥‥‥‥‥‥‥ 103
コラボレーション ‥‥‥‥ 66,72,94,118,132
コラボレーションカフェ ‥‥‥‥‥‥‥‥‥ 68
コンテンツIP ‥‥‥‥‥‥ 10,12,60,64,76,78
コンテンツIPビジネス ‥‥‥‥‥‥‥‥‥‥‥
　　　　　10,16,18,22,42,60,76,96,100
コンテンツ産業官民協議会 ‥‥‥‥‥‥‥ 96
コンテンツファンド ‥‥‥‥‥‥‥‥‥‥60,80
コンピュータグラフィックス ‥‥‥‥‥‥20,56

さ行

財産権 ‥‥‥‥‥‥‥‥‥‥‥‥‥‥‥27,29
事業横断 ‥‥‥‥‥‥‥‥‥‥‥‥10,90,92,94
自社起因リスク ‥‥‥‥‥‥‥‥‥‥116,126
実演家人格権 ‥‥‥‥‥‥‥‥‥‥‥‥‥ 29
指定商品 ‥‥‥‥‥‥‥‥‥‥‥‥34,122,135
指定役務 ‥‥‥‥‥‥‥‥‥‥‥‥‥34,122
収益化リスク ‥‥‥‥‥‥‥‥‥‥‥‥ 130
譲渡権 ‥‥‥‥‥‥‥‥‥‥‥‥‥‥‥‥ 26
消費ビヘイビア ‥‥‥‥‥‥‥‥‥‥‥‥ 50
商標 ‥‥‥‥‥‥‥‥‥‥ 34,36,122,128,134
商標権 ‥‥‥‥‥‥‥‥‥‥ 34,128,134,138
シリーズ化 ‥‥‥‥‥‥‥‥‥‥60,62,64,77
スターウォーズ ‥‥‥‥‥‥‥‥‥‥‥‥ 14
スタジオ型 ‥‥‥‥‥‥‥‥‥‥‥‥‥‥ 54
スピンオフ ‥‥‥‥‥‥‥‥‥‥‥‥‥60,62
製作委員会 ‥‥‥‥‥‥‥‥‥80,86,98,104
製作委員会方式 ‥‥‥‥‥‥‥‥81,100,104

制作会社 ‥‥‥‥‥‥‥‥ 54,80,86,88,105
生成AI ‥‥‥‥‥‥‥‥‥‥‥‥‥‥38,112
聖地巡礼 ‥‥‥‥‥‥‥‥‥‥‥‥24,58,72
聖地巡礼ツアー ‥‥‥‥‥‥‥‥‥‥‥‥ 68
前日譚 ‥‥‥‥‥‥‥‥‥‥‥‥‥‥‥‥ 62
総合商社 ‥‥‥‥‥‥‥‥‥‥‥‥‥‥‥ 98
続編 ‥‥‥‥‥‥‥‥‥‥‥‥‥‥‥‥60,62

た行

タイアップ・広告 ‥‥‥‥‥‥‥‥‥‥‥68,72
多産多死型 ‥‥‥‥‥‥‥‥‥‥‥‥‥‥ 44
他社IP ‥‥‥‥‥‥ 60,74,76,78,80,82,126
他社IP支援ビジネス ‥‥‥‥‥76,78,80,82
他社起因リスク ‥‥‥‥‥‥‥‥‥‥116,128
縦読みデジタル漫画 ‥‥‥‥‥‥‥‥44,46,86
知財ミックス戦略 ‥‥‥‥‥‥‥‥‥‥‥ 134
知的財産 ‥‥‥36,38,82,100,126,132,138
知的財産権 ‥‥‥ 36,82,110,120,134,138
知的財産権侵害 ‥‥‥‥‥‥‥‥‥‥‥ 126
チャネル戦略 ‥‥‥‥‥‥‥‥‥‥‥‥ 137
著作権 ‥‥‥‥‥‥‥‥ 26,30,38,40,82,100
著作権侵害 ‥‥‥‥‥‥‥‥‥‥‥‥38,110
著作権法 ‥‥‥‥‥‥‥‥‥‥‥‥‥26,111
著作者人格権 ‥‥‥‥‥‥‥‥‥‥‥26,127
著作隣接権 ‥‥‥‥‥‥‥‥‥‥‥‥28,40
ディズニープリンセス ‥‥‥‥‥‥‥‥‥ 14
データベース ‥‥‥‥‥‥‥‥‥‥‥26,40
デジタルグッズ ‥‥‥‥‥‥‥‥‥‥‥‥ 70
デジタルサービス法 ‥‥‥‥‥‥‥‥‥‥ 103
同一性保持権 ‥‥‥‥‥‥‥‥‥‥‥26,29
動画配信プラットフォーマー ‥‥‥‥‥‥ 88
投資対効果 ‥‥‥‥‥‥‥‥‥‥‥‥‥ 130
東宝 ‥‥‥‥‥‥‥‥‥‥‥‥‥‥‥‥‥ 92
登録商標 ‥‥‥‥‥‥‥‥‥‥‥‥35,112,138
独占配信 ‥‥‥‥‥‥‥‥‥‥‥‥86,89,136

特許······················ 30,36,110,134,138
特許協力条約 ····························· 36
特許権 ·······················30,36,110,134
特許権侵害 ·····························30,110
特許番号···································· 138

な行

日本のコンテンツ··············36,40,96,116

は行

配信プラットフォーム··· 16,26,52,102,136
パブリシティ権·····························38,112
パラサイト 半地下の家族··················· 54
バリアフリー上映 ··························· 106
パリ条約···································· 36
ハローキティ ································· 14
ビッグタイトル ································· 20
フィギュア···································48,70
フィルムコミッション ························ 24
複製権 ···································· 26
プラットフォーマー ··························· 86
プラットフォーム ··········· 12,16,36,50,136
ブランディング戦略 ·······················34,76
ブランドポリシー····························· 128
プリクエル ·································· 62
分野横断権利情報検索システム········· 40
ベルヌ条約 ·································· 36
包括許諾契約 ······························· 136
ポケモン···································· 14
(経営の)ボラティリティ ···················· 22
ホログラム商標 ······························· 34

ま行

マリオ ······································ 14
マルチプラットフォーム戦略········16,42,52

ミッキーマウス ······························· 14
無方式主義 ································· 36
メタバース····························110,134
メディア企業··· 10,12,16,20,22,50,56,90
メディアミックス ······· 34,42,46,60,94,136
モノ消費 ···································68,70
模倣品 ·····························32,116,128

や・ら・わ行

有害コンテンツ ····························· 102
優先権制度 ································· 36
優良IP ······································ 14
横串機能 ···································· 90
ライセンサー ·······················60,66,74,78
ライセンシー·····························60,66,78
ライセンス···················· 22,118,124,136
ライセンスアウト····························· 122
ライセンスイン ······························· 120
ライセンス売上比率··························· 22
ライセンス契約············· 67,75,120,136
ライセンスビジネス 22,60,66,68,70,72,92
ライセンスフィー·····················10,12,60
リコメンドシステム ··························· 30
リスク評価·····························116,127
リスクベースアプローチ ··················· 112
リスクマネジメント··························· 126
立体商標···································· 34
利用停止措置 ······························· 128
ロイヤリティ ············· 40,66,104,126,136
ローカライズ ················ 76,102,108,124
ロゴ·····································34,113

執筆者略歴

KPMG コンサルティング株式会社

木村 みさ Kimura Misa
（Part 2、Part6、Part 7、Part 8 を担当）
KPMG サステナブルバリューサービス・ジャパン　ESG ガバナンスサービスリード
執行役員 パートナー
コンテンツ IP WG リーダー
2006 年 KPMG コンサルティング株式会社の前身である KPMG ビジネスアシュアランス株式会社入社。入社以来、コンプライアンス、リスクマネジメント、コーポレートガバナンスなどのサービスを多く手掛ける。近年は、コンテンツ業界のグローバルガバナンス・コンプライアンスや、IP ビジネス推進、知財イノベーションにも力を入れている。「コンテンツ IP ビジネス最前線とメディア企業で求められる攻めと守りの戦略」をはじめ、著書・セミナー・寄稿など多数。

山田 宏樹 Yamada Hiroki
（Part 1、Part3 を担当）
Technology, Media & Telecom 所属
アソシエイトパートナー
コンテンツ IP WG メンバー
大手外資コンサルティング会社などを経て、2015 年に KPMG コンサルティングに入社。メディア・コンテンツ企業、インターネット・テクノロジー企業、製造業など TMT（Technology, Media, Telecom）業界を中心としたクライアント企業へコンサルティングを提供。メディア・コンテンツ戦略立案、市場・ビジネスモデル調査、新規事業立案、マーケティング・営業改革、エコシステム制度設計、各種業務改革・設計、プロジェクトマネジメント導入などのテーマで企業変革を支援。

福岡 慶太郎 Fukuoka Keitaro
（Part 4、Part5 を担当）
Technology, Media & Telecom 所属
マネジャー
コンテンツ IP WG メンバー
国内通信事業会社を経て、2018 年に KPMG コンサルティングに入社。メディア・コンテンツ業界およびハイテク業界を中心としたクライアント企業へのコンサルティングを担当。業務改革、先進ビジネスモデル調査、新規ビジネス開発・推進、データ活用ビジネスなどに関するテーマで企業変革を支援。

中川 祐 Nakagawa Yu
（Part 2、Part6、Part 7、Part 8 を担当）
Sustainability & Risk Transformation 所属
マネジャー
コンテンツ IP WG メンバー
総合電機メーカーの知財部門、金融機関の新規事業企画部門などを経て KPMG コンサルティングに入社。新規事業戦略、知財イノベーション、技術情報管理、コンテンツ IP 業界のグローバルコンプライアンス・ガバナンス支援などを手掛ける。著書に「企業実例で理解を深める 法務・コンプライアンス組織の構築・運営」（中央経済社）。「コンテンツ IP ビジネス最前線とメディア企業で求められる攻めと守りの戦略」をはじめ、セミナー・寄稿など多数。

松本 尚人 Matsumoto Hisato
（Part 2、Part6、Part 7、Part 8 を担当）
Sustainability & Risk Transformation 所属
シニアコンサルタント　弁理士
コンテンツ IP WG メンバー
大手メーカー企業の知的財産部門・経営企画部門を経て現職。KPMG 参画後は、知的財産観点の組み込みによる経営戦略の強化、グローバル法務・コンプライアンス体制の整備、取締役会の実効性向上を通じたコーポレートガバナンス推進、等のプロジェクトに従事。サステナビリティ戦略における知的財産の活用・マネジメントに関するセミナーや寄稿の実績を有する。

■ 問い合わせについて

本書の内容に関するご質問は、下記の宛先までFAXまたは書面にてお送りください。下のQRコードからもアクセスできます。なお電話によるご質問、および本書に記載されている内容以外の事柄に関するご質問にはお答えできかねます。あらかじめご了承ください。

〒162-0846
東京都新宿区市谷左内町21-13
株式会社技術評論社　書籍編集部
「60分でわかる!　最新　IPビジネス　超入門」質問係
FAX:03-3513-6181

※ご質問の際に記載いただいた個人情報は、ご質問の返答以外の目的には使用いたしません。
　また、ご質問の返答後は速やかに破棄させていただきます。

60分でわかる!
最新　IPビジネス　超入門

2025年4月9日　初版　第1刷発行

著者	KPMGコンサルティング株式会社
	木村みさ、山田宏樹、福岡慶太郎、中川祐、松本尚人
発行者	片岡　巌
発行所	株式会社 技術評論社
	東京都新宿区市谷左内町21-13
電話	03-3513-6150　販売促進部
	03-3513-6185　書籍編集部
担当	伊東健太郎
編集	塚越雅之（TIDY）
装丁	菊池　祐（株式会社ライラック）
本文デザイン	山本真琴（design.m）
DTP・作図	土屋和浩　後藤亜由美（glove-tokyo）
製本／印刷	株式会社シナノ

定価はカバーに表示してあります。
本書の一部または全部を著作権法の定める範囲を超え、
無断で複写、複製、転載、テープ化、ファイルに落とすことを禁じます。
©2025　KPMGコンサルティング株式会社、TIDY

造本には細心の注意を払っておりますが、万一、乱丁（ページの乱れ）や落丁（ページの抜け）が
ございましたら、小社販売促進部までお送りください。送料小社負担にてお取り替えいたします。

ISBN978-4-297-14792-1 C0036
Printed in Japan